ENDAVANT!

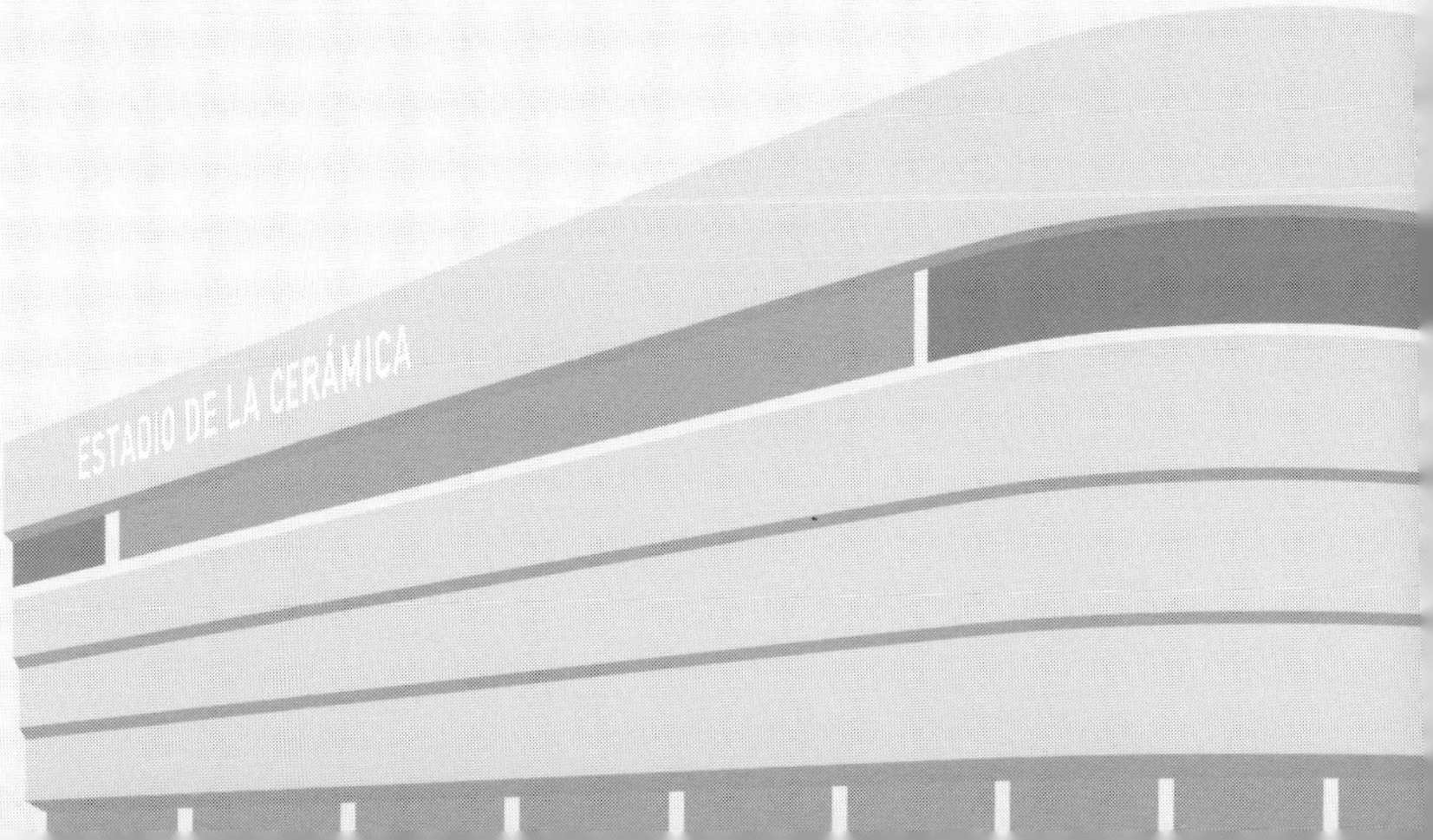

本音で**向き合う**。自分を**疑って進む**

佐伯夕利子

フットボールは私たちに何をもたらすか

2023年秋。私が在籍するビジャレアルCF(以下ビジャレアル)はUEFA(欧州サッカー連盟)ヨーロッパリーグ(EL)でマッカビ・ハイファとのアウエー戦に臨んだ。同クラブが本拠地とするイスラエルでの開催が不可能なため、中立国キプロスで厳重な警備体制のもと無観客試合になった。キックオフ前、パレスチナ武装勢力との衝突で亡くなった方々の追悼のため1分間の黙祷が捧げられた。事前にビジャレアルはメディア関係者に対し「今日の黙祷はイスラエル情勢を受け命を落としたすべての犠牲者に捧げる」と明確に伝えた。

しんと静まるピッチで、両チームの選手がセンターサークルに集まった。目を閉じ黙祷を捧げる。しかしムスリムの選手数人の姿はない。そこにこの問題の深さが滲んでいた。フットボールにおいてホームタウンで試合を行うことはある種「神聖な儀式」である。安心安全にスポーツイベントが開催されることは、平和な社会が保たれている証なのだ。

実はこの試合をジャッジした4名は全員ウクライナの審判団だった。ひとたび試合が始まればクリスチャンも、ムスリムも、ユダヤ教徒も、ロシア人も、ウクライナ人もともに同じピッチに立つ。それぞれが痛みや悲しみや不安を抱えながらひとつのボールを90分間追いかける。そこには間違いなく「和」が存在する。そうやってフットボールは、人のこころを鎮めてくれる。

私がそのように信じるフットボールは、私たちに何をもたらすのか。このことを横軸でとらえながら、縦軸でスペインでの32年間の歩みをこの本に織り込んだ。スペイン男子リーグ初の女性監督として味わった歓びや葛藤。渡り歩いたクラブでの発見と学び。短い期間ではあったがJリーグ常勤理事としての濃厚な日々にも触れた。思えば常にもがきつつ、さまざまな事象に本音で向き合ってきた。ビジャレアルがクラブをあげて行った指導改革では、自分を疑う尊さを身をもって知った。

前著『教えないスキル　ビジャレアルに学ぶ7つの人材育成術』を上梓して以来、多くのJリーグや民間クラブのみならず、プロ野球やバスケットボールなど他競技の指導者やスタッフが日本からビジャレアルに来訪いただくようになった。日本の皆さんの大いなる学びへの意欲に少しでも応えられれば、このうえない喜びである。

２０２４年３月吉日

佐伯夕利子

第3章 ビジャレアルの指導改革

第4章 自分を疑う力

第5章 改革の果実

第6章 Jリーグへの愛と「コウモリの眼」

第7章

「佐伯、サッカーやめんなよ」

特別編

スポーツ現場における
ハラスメントとの決別宣言

エピローグ

2023-24 ラ・リーガ1部全20チーム

FRANCE
SPAIN
PORTUGAL
アスレティック・ビルバオ
ATHLETIC CLUB
ケン・セバスティアン
レアル・ソシエダ
REAL SOCIEDAD
アラベス
DEPORTIVO ALAVÉS
オサスナ
CA OSASUNA
ジローナ
GIRONA FC
セルタ・デ・ビーゴ
RC CELTA
バルセロナ
FC BARCELONA
マドリード
ヘタフェ
GETAFE CF
ビジャレアル
VILLARREAL CF
アトレティコ・マドリード
ATLÉTICO DE MADRID
バレンシア
VALENCIA CF
マジョルカ
RCD MALLORCA
レアル・マドリード
REAL MADRID
バレアス諸島
ラージェ・バジェカーノ
RAYO VALLECANO
カディス
CÁDIZ CF
セビージャ
SEVILLA FC
グラナダ
GRANADA CF
セビリア
ベティス
REAL BETIS
アルメリア
UD ALMERÍA
カナリア諸島
ラス・パルマス
UD LAS PALMAS

スペイン男子全国リーグ(23-24)

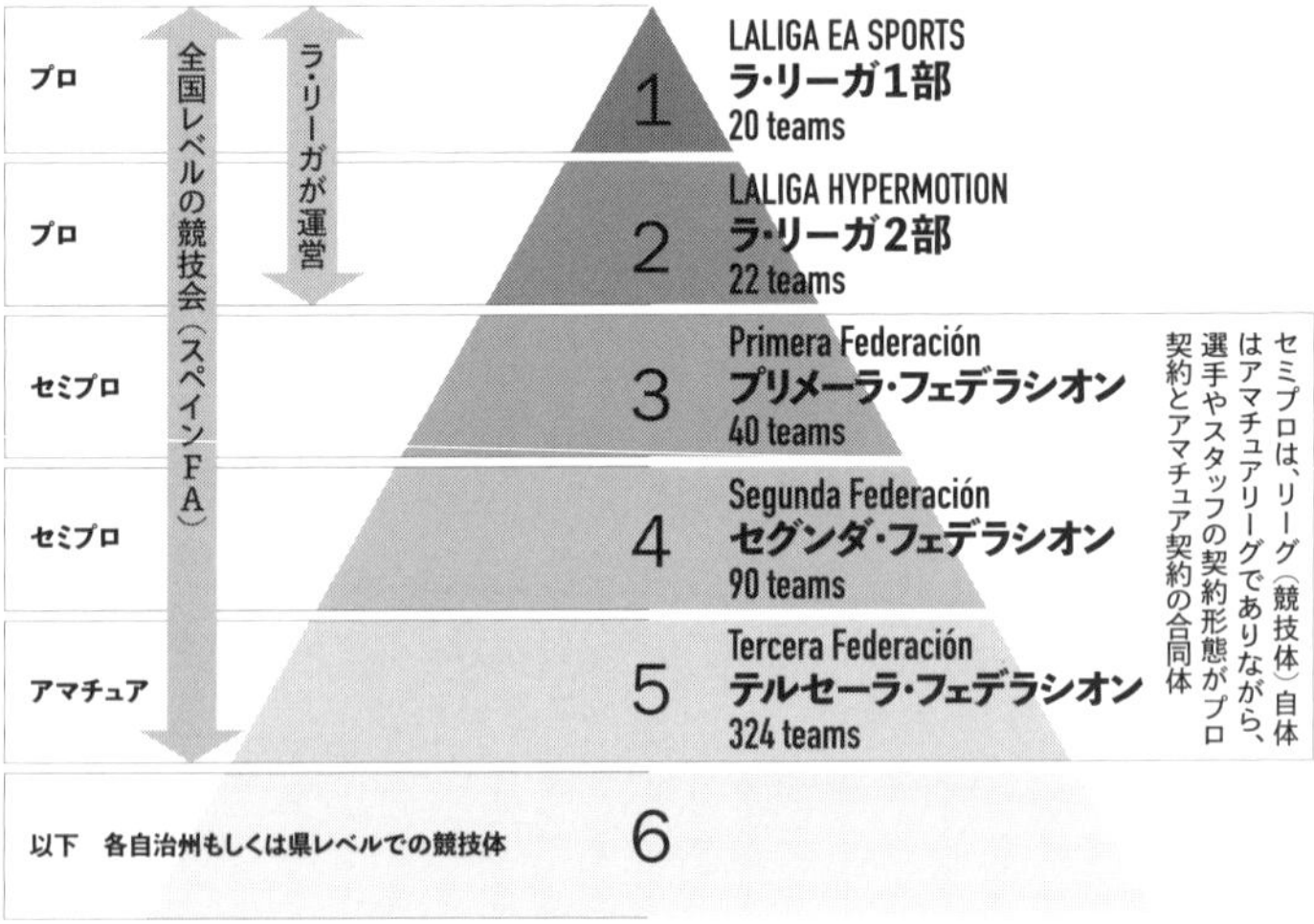

プロ
プロ
セミプロ
セミプロ
アマチュア
全国レベルの競技会(スペインFA)
ラ・リーガが運営
1
LALIGA EA SPORTS
ラ・リーガ1部
20 teams
2
LALIGA HYPERMOTION
ラ・リーガ2部
22 teams
3
Primera Federación
プリメーラ・フェデラシオン
40 teams
4
Segunda Federación
セグンダ・フェデラシオン
90 teams
5
Tercera Federación
テルセーラ・フェデラシオン
324 teams
セミプロは、リーグ(競技体)自体はアマチュアリーグでありながら、選手やスタッフの契約形態がプロ契約とアマチュア契約の合同体
以下 各自治州もしくは県レベルでの競技体
6

ビジャレアルCF　*VILLARREAL CF*

1923年創設。バレンシア州カステジョン県ヴィラ=レアル（人口約5万人）に本拠地を置く。ホームスタジアムはエスタディオ・デ・ラ・セラミカ。ユニフォームカラーの黄色からビートルズの曲にちなんでスブマリーノ・アマリージョ（El submarino amarillo、イエローサブマリン）の愛称を持つ。2020-21シーズンにはクラブ史上初めてUEFAヨーロッパリーグ優勝。2022-23シーズンはリーグ戦5位。

ビジャレアルCFのチーム構成人数　選手数789名（2024年2月現在）

男子 508選手	TOP	U-23	U-21	U-19	U-18	U-17	U-16	U-15	U-14	U-13	U-12	U-11	U-10	U-9	U-8	U-7
	成人	成人	成人	2005	2006	2007	2008	2009	2010	2011	2012	2013	2014	2015	2016	2017
A	25	25	22	22	22	22	22	22	22	22	12	12	12	12	12	12
B				22			22		22		12	12	12	12	12	12
C											12	12	12	12	12	12

女子 135選手	TOP	B	U-19	U-16	U-14	U-12	U-10
	成人	成人	2005–2007	2008–2009	2010–2011	2012–2013	2014–2015
	23	22	22	22	22	12	12

幼児 90名	5歳児	4歳児	3歳児
	2018	2019	2020
	30	30	30

ニューロダイバーシティー 56選手	知的障がい
	成人
A	14
B	14
C	14
D	14

3歳児からトップチーム、女子、知的障がい選手まで、789名の選手が在籍。合計9面のピッチ、オフィス棟、育成選手用の寮には約100名が生活する。UEFAクラブランキング16位（2024年2月現在）

企画・構成＝島沢優子
カバー・章扉イラスト＝宮内大樹
本文写真＝著者提供
島沢優子
装幀・本文組版＝布村英明
編集＝柴田洋史（竹書房）

本書の文中に登場する人物の所属やデータは2024年2月現在のものです。また日本での話は「サッカー」とし、そのほかは欧州の「フットボール」を使用しています。

11歳にキレられた新米コーチ時代

1

やるならサッカーだ

電話の声が弾んでいた。

「研修が終わったら、ぜひお話聞かせてください」

2022W杯カタール大会が閉幕して半年ほど経った2023年6月。私はスペインの上級指導者を対象にした継続学習研修の講師を務めるため、バスク地方サン・セバスティアンへと出かけた。私が住むビジャレアルからおよそ560キロ離れたスペイン北東に位置する海沿いの美しい町だ。研修会場は19世紀に建立されたミラマール宮殿が選ばれ、その佇まいも建物の内装もまるで映画のようだった。

私はそこで、W杯予選ラウンド森保JAPAN対スペイン戦の戦術分析を素材に、監督のマネジメント可能領域、監督が与えるインパクト領域、フットボールにおける偶然性と必然性について考察するのだ。

私がそのことを、当事者である森保一監督に伝えた際の返事が冒頭の言葉である。森保監督は「佐伯さんがどう分析され、スペインの指導者がどんな反応をするのか非常に楽しみです」とおっしゃってくれた。

私以外の講師陣は、共催主でもあるレアル・ソシエダはじめ、レアル・マドリードなどの責任者や指導者たちだ。2日間に渡り、それぞれが3セッションの登壇を請け負い、75名の指導者とフットボールについて知見を共有した。

実は近年、スペインから多くの指導者が海外リーグで活躍するようになった。今シーズンのプレミアリーグに至っては、スペイン人監督が5名にのぼり、うち4名はバスク出身である。これだけの指導者が育つ土壌を培ってきたリーダー的存在が、ミケル・エチャリ。1970年代から指導者養成に尽力し、バスクの指導者たちから「師匠」と呼ばれる彼と私は25年来の旧知の仲である。

「最終的にセニョール・モリヤスになったつもりで、ゲームプランを立ててみましょう」

そう私が述べると、受講生たちはうなずきつつ目を輝かせた。

「僕だったら、このシステムで、バックラインはこの高さに配置する」

「私だったら、ボール奪取後はこうするだろう」

初日の講義では、受講生の活発なディスカッションから、たくさんのフィードバックを得ることができた。さらに2日目の指導実践では、試合の攻略案を示しながら、日本代表に見立てた11人に実演してもらった。スペインのコーチたちの視点をまとめ、私からセニョール・モリヤスに届けた。

スペイン上級ライセンス保持者を対象にした講習会で講師を務める。森保ジャパンを素材に指導者の影響領域などについて考察。（2023年、サン・セバスティアンにて）

スペインはクラブごとで異なるフィロソフィーのもと、育成や強化をしている。にもかかわらず、スペインというひとつの国であっても、それぞれのクラブでこんなにもフットボールの理解やアプローチが異なるのかと驚きを感じた。

それとともに、こうした多様な理解とアプローチができるスペインだからこそ、豊かなフットボール文化を醸成できるのだとあらためて感心した。

そんな愛すべきこの国に私が降り立ったのは、18歳の春だった。1992年、バルセロナオリンピックが行われる年にあたる。

「当機はこれよりマドリード・バラハス国際空港に着陸いたします」

アナウンスをぼんやりと聴きながら、スペインを見下ろした。緑豊かな日本の山々とは少し違い、白い岩肌がむき出しになっている。

「今日からここに住むのかァ」

父親の転勤でスペインにやって来た。テヘランで生まれ、日本、台湾、また日本と、両親についてきた。その最終地点になるなんて、ぼんやりと飛行機の窓から眺めていた私は思いもしなかった。日本を離れる前にスペイン語を少しだけ習ったけれど、特に予備知識もなかったのでそこからの暮らしは想像もつかない。自分がこの国で何をするのか。どうやって過ごすのか。

父親の会社から提供された海外赴任に関する説明会のようなもので、担当者から「言葉の習得は、地元の団体スポーツのチームに入れてあげると効果的ですよ」と両親は言われたそうだ。

それを両親から伝え聞いた私には、うっすらとした計画がひとつだけあった。

「やるなら、サッカーだ」

当時住んでいた福岡で小学3年生から始めた。

「女の子は今までおったことがない。かたせられん（仲間に入れられない）」

少年団で拒否されて1年。ひとり校庭でボールを蹴り続ける境遇を哀れんだのか、友達の母親らが「一所懸命やりよるとに。かたせちゃり（仲間に入れてやって）」と監督さんを説得してくれた。おかげで、晴れてチームの一員になれた。

手を使えない、ある意味不自由なスポーツなのに、それぞれが自分のアイデアで動ける自由さ。そして、ボールをネットに突き刺したときの爽快感。サッカーの虜になった。それなのに、転校先に男子サッカー部はあれど女子が入れるようには見えなかった。中学生からはプレーする環境がなかった。

私は、サッカーに飢えていた。

マドリードで暮らし始めてすぐに市内にある女子チームに入団した。サッカーはスペイン語で fútbol（フッボル）。ここから、サッカーは私の中で「フットボール」という名称に変わった。仲間も皆フレンドリーでやさしくしてくれた。彼女たちとフットボールをより理解したくなった私は、スペイン語の修得に懸命になった。両手につかんだ西和と和西の辞書2冊を振り回しながら、彼女たちをシャワールームまで追いかけた。

「あのさ、さっき言った○○はこれだよね？」

辞書はシャワーのお湯や私の汗にさらされた。けれど、どのページもふにゃふにゃになり非常にめくりやすくなった。わお、辞書の紙って丈夫なんだ、と感心した。

そんなふうにサッカーを楽しみながら、3か月ほど経つと、モヤモヤし始めた。並行して通っていた大学で費やす時間に疑問を持ち始めた。

「これって私がやりたいことなのかな？」

「生きたい人生じゃないんじゃないの？」

学食でランチを食べながら。夜布団の中にもぐり込んでから。自分へのクエスチョンが怒涛のように押し寄せる。

「いや、私、そもそも文学を選んだ理由がよくわかってないじゃん」

「このまま文学を学び続ける意味って、あるんだろうか」

大学も授業も特段楽しくない。平日は渋々大学に通い、毎週末にゲームがあるフットボールだけが心地よい時間だった。

そんなある日のこと。

私たちの試合中、主審が手を広げて「ちょっとタイムね」という感じでゲームを止めた。相手チームのベンチにすたすたと近寄って行く。座っている監督とおぼしき男性の前で止まると、腰を折るようにして顔をのぞき込んだ。

「えーっと、あなた、ライセンス持ってませんよね？」

男性は少し狼狽しつつ「あ、はい」と答えた。

「じゃあ、アウトね」

主審は、まるで「退場です」と言わんばかりに両の掌を差し出した。

ベンチから去るよう促された男性は「まあ、仕方ないね」という感じでうなずきながら、すっくと立ち上がった。ただし、遠いスタンドに追い出されるわけではなく、距離にして3メートルほど動くだけだ。その後は立ったまま、それまでと同じように「走れ！」とか「いいぞ！」などと声をかけていた。

「女性ですが」の意味がわからない

「これ、いいじゃん！」

その様子を見た私の頭の上に、豆電球の光がピカッと輝いた。

「なるほど。この国ではライセンスがないとフットボールの指導はできないんだ。スペインにはそういう制度があるんだ」

その後も同じような場面に何度か遭遇した。ノーライセンスの監督が退場させられると、チームによっては指導者がいない状態になる。だが、どのチームにもデレガード(delegado)と呼ばれるマネジャーがいる。特別なライセンスを必要としない主務のようなマネジャーの大人が各チームにひとり必ずいて、その人が見守りをする。ただし、指導者ライセンスを持っていないのでテクニカルな指示などをしてはいけない。

日本で言えば、ベンチが試合当番のお母さんだけになるのと同じかもしれない。日本のサッカー少年団など私がプレーした環境では、ほとんどが選手の親が指導を請け負う「お父さんコーチ」ばっかりだった。そこから10年余り経った90年代のマドリードでは、町のアマチュアリーグでさえライセンスを取得した者が指導する環境整備がなされていた。成人でも、小学生の試合でも、同様だった。

「勉強してライセンスを取ればコーチになれるんだ」

ここがスタートになった。フットボールに触れる楽しみを取り戻し「フットボール界で生きたい」という漠然とした希望を抱いていた私の目の前に、指導者という道の扉が開いた瞬間だった。

「あった、あった。スペインにもあったよ」

喜び勇んで指を舐めつつ、薄い黄色い紙をめくった。店舗や企業の業種別電話帳である。

昔々日本にもあった、イエローページは、世界共通のツールだった。英語では複数形のイエローページズ（Yellow Pages）。スペインも同じ名称（Páginas amarillas）だった。

スペイン版イエローページを手にマドリードサッカー協会の電話番号を探しあてた。受話器を持つ前に、どう伝えるかをスペイン語訳したものを箇条書きにした。来西して2年も満たないなかでの電話での交渉は強い緊張を強いられる。万全の準備が必要だと考えた。

Me llamo Yuriko Saeki.　私の名前は佐伯夕利子と言います。
Soy extranjera　私は外国人です。
Tengo 19 años　19歳です。
Soy mujer　私は女性です。

「指導者のライセンス制度があって、取得するために勉強できる場所（学校、スクール、講習）があると聞いたのですが。私でもできますか？」

電話に出てくれた男性は低い声で言った。

「えっとね。あなたが名前の後におっしゃった説明ね。そのね、三つめの『女性ですが』

の意味がわからない」

ムヘール？（女性ですが？）と自然と語尾が上がり、質問口調になっていたのだ。逆質問され、他の誰でもなく自分自身が（女性なのにフットボールの指導者になっていいのか？）と疑念を抱いていたことに初めて気づかされた。

この後の私のキャリアともつながるこの気づきは、非常に貴重なものとなる。当時のスペインの人たちが全員「女だから男だからなんて関係ない。フットボールコーチへのドアは性別問わず開かれている」と考えていたわけではないだろう。電話に出た男性（あとでお会いしたが高齢の方だった）がたまたま先進的な思想の持主だった。

思えばこれが、普通はこうだという一般論を疑う第一歩になった。

マドリードサッカー協会に案内された指導者養成講習は、同協会とINEF（マドリード国立体育大学）とが提携し実施されていた。最初の1年間がスクーリング。次の1年は実習でどこかのクラブと契約をしてもらわなくてはならなかった。契約をし公式戦の試合表に自分のサインを入れたものが必要だった。コーチとして実際に最低15試合ほどチームを率いなければならない。メンバー表のコピーを提出して初めてライセンスを取得できる。

レベル1、2、3と各レベルごと2年間かけて進む。最難関の「ナショナルライセンス」と呼ばれるレベル3を取得すれば、スペインのプロリーグで監督をすることだってできる

のだ。

　私は文学の道をあっさりやめて、指導者の扉をたたいた。スペインに来て2年目の秋だった。

仲間のノート、エンリケの優しさ

　指導者養成学校で一緒に学んだのは40人。そのなかには現役の選手も10人ほどいた。女性は私ひとりだけだった。

　常に教室の最前列にいた。講師の声をMD（ミニディスク）にレコーディングするには近くに寄っていくしかない。録音機に加え、相変わらずの西和と和西の辞書2冊、そしてノートに筆箱。それらをところ狭しと机の上に広げ、講師の声をとりつつ懸命にしゃべった言葉を片っ端からノートに書き起こしていった。

　日常会話に不自由はないものの、学習の場なのだから話すスピードも使う単語も専門性を帯びる。フットボールを科学的にとらえる学習についていける語学力は、まだ十分ではなかった。日本語であれば要約し大事な要点だけ書きとめるが、わからない単語ばかりが並んでいるのでリアルタイムで理解できない。授業ではとにかくできるだけ書き起こすしかなかった。

次の授業までにMDを聴きながらノートを完成させ、わからなかった言葉を全部書き出して単語帳を作った。今思えば途方もなく時間をかけて内容を理解する日々だった。当時は翻訳アプリも、録音やホワイトボードをカシャッと撮影できるスマートフォンもない。書き起こしてはノートを作る作業に明け暮れていた。われながら超絶原始的なやり方で授業を受けていた。

そんな姿を見せられた先生たちや受講生たちは、忍びなかったのだろう。

「セニョリータ、大丈夫か？　ついてきてるか？」

頻繁に授業を止めては、私の顔をのぞき込むようにして尋ねてくれた。そうすると周りに座っていた男性陣たちも「ユリコ、大丈夫なのか？　わかってるのか？」と心配してくれた。入れ代わり立ち代わり、自分のノートを見せてくれた。

そのうちひとりの生徒が頼まれたわけでもないのに、自分のノートを有料コピー機でコピーして毎日持ってきてくれるようになった。カルロス・サルバチュア。私と同い年の彼は後に横浜F・マリノスを指揮することになるケビン・マスカット監督の下、オーストラリア1部リーグAのメルボルン・ビクトリーでアシスタント・コーチを務め、その後マスカットの後任として監督を務めた。現在ではスペインで指導者として歩んでいる。

ノートを差し出すだけで多くは語らない。少しでも私の負担が減るよう力を貸してくれたのだと思う。何者でもない私のためにコピー機を探して、一枚ずつノートを写してくれた。私に渡すことを考え、彼自身はすでに理解済みの箇所も含め忠実にすべて書き残してくれていたに違いない。こころから感謝している。

「これ、使って」

私より三つ年上、代表で活躍し始めた23歳のルイス・エンリケも机を並べた仲間だ。よく「エンリケとの交流を教えてくださぃ」と聞かれるが、他の受講生とさして変わらない。「やあ」とか「バイバイ」とあいさつしたり「キャンディ食べる?」と投げてくれたり。時折「授業についていけてる?」と気にかけてもらったりした。

憶えているのは、彼が指導実践で協力してくれたこと。私がコーチ役で同級生が指導を受ける選手役をする際、事前に「僕のこと指していいよ。やるから」とよく自分から申し出てくれた。現役の選手が多いためみんな疲労困憊している。本音は選手役などやりたくないだろうに、ルイスは協力を惜しまなかった。

例えばサイドチェンジの練習。あるとき「40メートルのサイドチェンジを」と厳しめなメニューを私が組み立ててしまったことがあった。実際に40メートルのサイドチェンジを正確に蹴られる人などそうそういない。

「(自分を)使っていいよ」

親指を立ててすっくと立ち上がった。特に構えることなくポーンと蹴り上げたボールは、逆サイドで構えていた選手役の足元にすっぽり収まった。受講生たちは皆「おーっ!」と歓声をあげた。疲れが吹き飛ぶようなすごい技術を目の前で見せられ、私たちは興奮した。

ルイスはライセンス取得前の1994年、自身初となるW杯米国大会に出場した。準々決勝でこの大会ファイナリストになるイタリアと戦い、マウロ・タソッティの肘打ちを顔面に受けて流血させられた。試合も1対2で惜敗しベスト16に終わった。

代表招集で忙しく出席日数が足りなかったのだろう。彼は最終試験で不合格になった。あのルイス・エンリケを落とすなんてと、私たちはスペイン協会の厳格さに恐れおののいたものだ。

そうやって助けてくれた人たちが、同じフットボールの世界でキャリアアップして成功しているのは本当にうれしい。非常に励みになる。偶然とはいえフットボールを愛する人たちと机を並べた日々は、二度とない素晴らしい経験だった。

というのも、現在は条件を満たす一部のトッププロだけが受講できるＵＥＦＡライセンスのコースがある。条件を満たす選手のほうが少ないとはいえ、トッププロと私たちのような一般人は受講段階でクラスを分けられるのも事実だ。彼らの技術や素顔を垣間見られたことは、私にとって幸運だった。ルイス以外にも、代表に招集されるような選手、レアル・マドリード、アトレティコ・マドリード、ラージョ・バジェカーノの選手がいて、彼らの高い技術を目に焼き付けることができた。当時、10万6０００人が入るサンティアゴ・ベルナベウに立つような人たちと、フットボールを学んでいたのだ。

さらに言えば、当時私ひとりだった女性の受講者は、今ではまったく珍しくなくなった。指導現場に女性は年々増えていて、もう異端とは言われない。確実に変化している。

ところで、私は遅刻にも無縁で真面目に学校へ行った。行きも帰りもメトロだ。時折、プロ選手の仲間が「ハーイ、ユリコ！　乗れよ〜」とポルシェの窓から手招きしたが、私はいつも「早く行きなさいよ」と言って手を振った。なぜなら、すでに5人ほどが狭い車内ではしゃいでいる。やんちゃな選手もいて、楽しい2年間だった。

11歳にキレられる

スペインの指導者ライセンスレベル1を獲得した私は、マドリード市にある民間クラブで12歳以下男子の指導を始めた。目標が定まり、意気揚々とピッチに立った。

ところが、いとも簡単に出鼻をくじかれてしまった。例えば、その子たちの名前を仮に「ラウル君」「パブロ君」としよう。

「ラウル君、今のはロングで蹴っといたほうが良かったんじゃない？」

試合中に声をかけると、彼はピタリと足を止めて大声で説明し始めた。

「いや、そこはパブロ君がサイドにうまく開いてくれたし、相手もノーマークだったでしょう？　だからショートで出したんだ」

わずか11歳の子どもが真っすぐ私の目を見て力説する。プレーは続行し、ほかの選手は動いているがそんなことはお構いなしだ。

「ああ、わかったよ。ほら、プレー続いてるじゃない」と言えば、は？　ユリコが変なアドバイスするからだろ？　というように両の掌をこちらに向け、首をかしげ両肩をすくめている。

はあ!? 反論された私はムカつくわ、恥ずかしいわで混乱させられた。なにしろ子どもに反論されるなんて思ってもみないことだった。自分の正解と正義を貫いて、勢いと熱で前進しているだけ。しょせん親の庇護のもとでぬくぬくと生きる19歳だ。子どもが子どもを教えているような状況だった。教育の本質とか、社会の仕組みなどまったく理解しておらず、相手に歩み寄るということもよくわかっていなかった。そんな人間が11歳の子ども達を上手に扱うなど、できるわけがなかった。

その後も、予期せぬリアクションを受けたり、驚くようなスピードで口答えが飛んでくる。

「いや、でもユリコ、これってさあ!」

いいや、あなたたち、子どもでしょ? なんで大人の私に逆らうの?——それが正直な気持ちだった。

「私は大人だよ? しかも、指導者ライセンス持ってる大人だよ? これって何なの?」

夜ベッドに入っても、枕の下からクエスチョンマークが次々浮かび上がる。子どもは大人の話を聞くもので、コーチである自分に「はい! わかりました」と答えるものだと思っていた。なぜなら、日本の学校やサッカー少年団、海外で通った日本人学校で、自分もそうしていたからだ。

加えて、当時の私はライセンスを取得したばかり。にわかに「私は知識を得ている」といったわずかな過信が自分の中にあったことも否めない。そのうえ、子どもとリアルタイムでディスカッションする力がないもどかしさもあった。簡単に言えば、強い態度に出たい、でもできない。ストレスは溜まるばかりだった。

そんなカルチャーショックを受けたが、それは実はコーチ修行と並行してプレーヤーとして活動していた女子チームで見た風景でもあった。

ハーフタイムに監督が前半に気づいた修正点を挙げていく。

「あのときの失点はここでこんなミスがあったからだ。攻めあぐんだのはバックと中盤のラインが離れすぎていたからだ。もっとコンパクトにしよう」

私は監督の目を見て「はい！」とうなずきながら、そうだよな、その通りと疑うこともせずに聞いていた。半分わかったような、半分わからないような。でも、監督が言うんだったらそうだろうし。ここは納得する場だと思い込んでいた。

ところが、スペインのチームメイトは違った。

「いや、ホセ（監督）、違うよ、あれは」

あれはさ、あのとき、ああなって、こうなって。だからこうなった――ひとりが意見すると、ほかの選手が「いや、私は違うところに問題があると思う」と言い、持論を展開する。ハーフタイムわずか10分の間に、ものすごい激論が巻き起こる。もはや誰が誰にしゃべっているのかもわからない。お互いに聞いてないだろうと思うほど、白熱するのだ。「ああ、あの感じだわ」とカオスなハーフタイムを思い出した。ただし、この場合議論しているのは大人同士である。私に「いや、でもユリコ、これってさあ！」と反論してきたのは11歳の子どもだ。

日本の場合、子どもたちが意見したい衝動にかられたとしても、すーっと静かに手を挙げて、時に「えーっと、あの」などと小声でつぶやき、しばらくほっとかれた後、コーチが「はい、佐伯さん」と指してくれようやく発言権をもらう。私がそうであったように。

ところがスペインでは、みんなが一斉に手も挙げずがーっとしゃべり始めるのだ。こんなことをしたら、日本なら「ちょっと待って。しゃべりたい人は手を挙げて」とか「順番だから」と制される。不規則発言とされる。自由な発露はなかなか許されない。

恐らく人と人との関係性のつくり方がそもそも違う。まずはそこに権威が存在しない。

この「権威」というものに、私は縛られていた。

子どもに反抗された私は、なぜ熱くなったのか。

そこを懸命に考えた。選手に対し「子どものくせに。小学生のくせに。私は監督のはずなのに言い返された」と解釈をしていた。自分勝手に「あなたは私に従う人」という関係性を作り上げていた。

子ども同士なら、なおさら権威は存在しない。ピッチ上で「君がもっと早くサイドに広がってくれないからだ」「僕にいったんパスすればいいじゃん」などとしょっちゅう口げんかになった。上手い子に遠慮して意見しない場面もそれほど見なかった。

ラウル君にキレられてからも、何か反抗されればカチンとくるし、ムカッとした。だが、ふと横を見ると、怒り狂って口をとがらせ主張してくる子どもに対し「si, si, vale, vale（そうか。そうだよね）」と冷静に対処するコーチたちがいた。相手の怒りをいったん沈めてから、あらためて指示やアドバイスを与えていた。

彼らは、自分の話に子どもが割って入ってきたり、反論してもびくともしなかった。ものすごく熱くなっている相手を「うんうん、そうだね」と許容するのは容易ではないはずが、それをストレスに感じているようにも見えなかった。

しかも「相手は未熟な子どもだから仕方ないのさ」といった上から目線の受け止めではない。そうならないのは、子どもたちの不規則発言や感情豊かな主張を「悪」ととらえていないからだ。発達の過程での自然な現象であり、逆に従順で大人にとっての「いい子」であろうとする子どもを心配する向きさえあった。

「この練習、面白くないんだよう」

そんなことを言われても、子どもの目線の高さに合わせるように腰をかがめ笑顔でうなずく。こころの底から選手たちをリスペクトしていることが、全身から伝わってきた。

このようなコーチたちの姿勢、振る舞いが、私に大きな気づきをくれた。選手が大人であろうが、3歳の子どもであろうが、コーチと選手間に縦の関係性、つまり主従関係は存在しない。あくまでも対等なのだ、と。

指導者は人を扱う職業

今思えば、当時の私は言い返されたことに「なるほど。私はこう考えるけど」という感じでロジックに大人の会話ができなかった。なぜなら、その力が育まれていなかったからだ。ラウル君のように、大人や仲間に向かって議論する場を、私たちは成長過程の中でまったくもって体験していなかった。

家庭の中ではある程度の年齢まで親に従ってきた。ピアノの先生に手をたたかれて、何度もやり直した。サッカーチームでは、監督の思う通りにプレーしなかったら叱られ、次は言われた通りにプレーした。前述したように、学校の教室では手を挙げて発言権をもらわないと意見ができなかった。

スペインに住むまでの18年間、日本国内に住んだ時間は少ないけれど、日本人の親に育てられ、日本の教育制度で学び、海外でも日本人学校で育ってきた。帰国子女であれば、誰にでも対応でき、議論できる力が備わるわけではない。ディベート力の無さをスペインで痛切に感じた。

もうひとつ。すでに伝えたことだが言葉の壁は小さくなかった。

外国語の習得にも、さまざまな層がある。スペイン語ができますか？　と問われたとして、できる、できる、できないの境界線は非常に微妙だ。それを測る物差しはあくまで主観的なものになる。

私が定義する「外国語ができる」の要素は二つ。ひとつは即興で瞬時にネイティブスピーカーと口論ができるレベル。二つめは、ジョークを笑えるか。笑いのツボはそれぞれの国の文化によって異なる。その両方ができたら合格だと考える。例えば、事前に準備して90分間の講習会ができます、とは少し違うのだ。

指導を始めたころの私は、子どもたちにリアルタイムで返答できなかった。

そのなかで、私はちょっとできてないのでは？　と自分を疑った。他のコーチができているいることが自分にはできていない。そこで初めて「自分は間違ってるかもしれない」と気づき始めた。

あのとき、素直に自分の負の部分と向き合うとができて良かったと思う。それができたのも、指導者としてのスタートが19歳と早かったからだ。もっと社会人として経験を積んでいたら、もしかすると「スペインの子はダメだなあ」と子どものせいにしてしまったかもしれない。あそこで他責になっていたら、成長はなかった。

すべてにおいて自責になる必要はないが、そういった経験の蓄積は自信にもつながる。自分自身を客観的に眺めて「この人（私）、大丈夫？」と疑うことは大切だ。

あの頃の私は、一方的にしゃべれば彼らが動いてくれると無意識で思っていた。ところがまったく違う状況が目の前で展開された。そういった経験は、指導者としては絶対不可欠だったと思う。あの頃の選手たちには、言ってみれば「みんな、ごめんね」と謝るしかない。

当時の私のように、関係性とコミュニケーションの構築が違う異国でチームをもった指導者は、誰もが皆カルチャーショックを受けるだろう。なぜならばフットボールの指導者は人を扱う職業だからだ。どれだけ知識を持っていたとしても、フットボールに関するレクチャーを完璧にできて、素晴らしい分析動画を作ることができても、それだけで通用する仕事ではない。

実際に何を試されるか。

人と正対して、人の感情を自分なりに受け止めたうえでリアクションし、ディスカッションできるか。

対話し、譲歩し、合意して再びプレーしてもらう。指導者として一歩前進したかもと思った翌日は失敗するから、そこを行きつ戻りつするタフさも必要だろう。

そして何より、選手とともに勝ち負けと喜怒哀楽を味わうことに喜びを見出せるか。

そんなことを、私は今でもスペインの指導者やスタッフから学んでいる。

苦難の指導者合宿

指導者として10年ほど活動した後、私はＵＥＦＡライセンスで当時最高峰であるナショナルライセンス「レベル３」を１か月の集中合宿講座でとった。当時住んでいたマドリード自治州内ではなく、その隣のカスティージャ・イ・レオン州のバジャドリードまで出ていった。

居住区を出てまで取った理由は、私が当時受講しようとしていた第38期ナショナルライセンスが、直前になってマドリード協会から「受講生を選考するためのトライアルを実施する」と連絡があったからだ。当時のスペインは、教育制度の整備がなされるなど社会的変動下にあった。

すでにいくつかの異なる期がナショナルライセンス開講を待って控えており、数にして生徒数120名ほどだったと記憶している。その120名をトライアルにかけて30名もしくは40名に絞り、トライアルに合格した者だけが受講できるという流れになっていた。「それはおかしい！　権利侵害だ！」とコーチらが抵抗。マドリードの学生らが弁護士を立て、協会を訴えたのだ。その後、訴訟で「トライアル制度は不当である」と認められはしたが、私はこの騒ぎに巻き込まれた。もうこれ以上マドリードでの受講を待っていたら、先はわからないと考え、別の自治州を受講することにした。

レベル2を取得しすでに少年たちを教えていたが、やってみると恐ろしく仕事が多かった。練習計画やその準備、試合のオーガナイズ、選手のケア、クラブとの業務連絡など。毎日やらなくてはいけないことがてんこ盛りだった。29歳だった2002年当時は、レアル・マドリードが財団として行っているスクール事業の男子U-14の監督を務めていた。

そうなるとライセンス講習がとにかく面倒になる。最初の頃は新たな学びにワクワクするのだが、そのうち同じ時間を使うのであれば練習や試合に駆け付けたいと思うようになった。なにしろ選手と対峙する現場は楽しい。24時間、365日こころを奪われる空間だ。「一日30時間あったらいいのに」と何度思ったかわからない。

そんななかで見つけた集中合宿講座だった。そのときはマドリードではシーズン中の通年スクーリングでしかレベル3が取れなかった。シーズン中に週3、4日通うなどきっと私にはできないだろうと考えた。すでにその頃は他人よりも自分を疑う人間になっていたのだ。

1か月にも及ぶ合宿は体力的にも大変だ。指導者仲間からは「ユリ、本当に大丈夫？」と心配された。私が「いや、私、今年ここで取ってしまわないと、多分一生ナショナルは取らないって思うんだ」と言うと、みんなすぐさまうなずいた。彼らも私を疑っていたのだ（！）。

実はレベル1と2はマドリード自治州内で受験した。同自治州はスペイン国内でも最もフットボールが盛んな地域のひとつである。レアル・マドリード、アトレティコ・マドリード、ラージョ・バジェカーノ、ヘタフェ、レガネス、アルコルコン、フエンラブラダと多くの強豪や古豪のクラブを抱えている。よって、ルイス・エンリケのようなスター選手がたくさん受講していた。

このマドリードのすぐ隣りだというのに、カスティージャ・イ・レオンは強豪クラブが

ナショナルライセンス取得のための集中合宿にて。恐らく最終日と思われるが、過酷な講習を終え受講した仲間たちと飲みに出かけた。（2002年、バジャドリードにて）

バジャドリードのみだった。受講生の中で、名前が知られる選手はバルセロナの左サイドバックでバジャドリード出身のホワン・カルロスくらいだ。現役選手はそのほかに1～2名。圧倒的に私のような市井の人々だった。そうなると、みんなが平等に学習者である。カスティージャ・イ・レオン協会に、名のない人たちのなかから優秀な指導者を育てようという強い思いがあるような気がした。

「たったひと月の集中合宿だ。たくさん学んでやるぞ」

２００２W杯日韓大会直後のシーズンオフ。ファイト満々で乗り込んだものの、現地に入ってすぐにバジャドリードを選んだことを後悔した。

時は真夏の8月。その年のスペインは記録

的猛暑に見舞われていた。50・6万平方キロメートルと日本の1・34倍の国土は広く熱波に襲われた。特に内陸部のカスティージャ・イ・レオンは連日気温が40度近くを記録し続けた。ピッチが太陽の光で焦げるのではと感じるほどだった。

1か月の集中講座は1日平均10時間。朝8時から授業が始まり、昼食や休憩を挟んで夜8時過ぎまで続いた。午前中教室で授業したら、その後最も暑い時間帯にグラウンドでずっと実技に取り組む。

「ねえねえ、日陰とか木陰とかないの？」

そう、フットボールのグラウンドには日影がない。カンカン照りが続く中、私たちは自分の両腕を頭にかざすしかなかった。その間ペーパーテストが頻繁にあるため、緊張も強いられる。睡眠時間は4～5時間だった。

「こんな目に遭ってまでやらなきゃいけないのか？」

「非人道的だ！」

「俺たちの人権はどうなるんだ!?」

スペイン人らしいと言えばそれまでだが、あまりの環境に「もう、こんなところにはいられない！」と脱落する者が続出。開始1週間で30人台だった受講者が20人台へと一気に減った。

地獄に仏はいなかったが、魅力があった。

指導者養成学校のロレンソ校長が非常に厳しい方だった。暑いから講習を省略するなんてことは決してしない。つまり「俺は大人の事情なんて知らないよ」という風情だった。そこが私にとってとても良かった。必死に学びたい意欲を見せている学生を手厚くサポートしてくれた。

私はスタートの30数人でたったひとりの女性、たったひとりのアジア人だった。アジア人に対しスペイン人は「物静かでおしゃべりではない」というイメージを抱くので、私が何者で、どんな人間かわからなかったはずだ。最初みんな遠巻きに見ていたと思う。ミステリアスと言えばカッコいいかもしれないが、どちらかと言えば今の若者言葉で言うところの「イミフ（意味不明）」な存在。誰も視線を合わせないし、気安く話しかけてくることもなかった。

数日たったある日。午後からの実習で、各自にピッチ上で指導実践する授業が始まった。受講生は交替で選手役とコーチ役を務め、練習を行った。

私がコーチ役として与えられた8分間が終わると、先生が拍手で迎えてくれた。

「君がこんなにスペイン語をしゃべれると思わなかったよ。しかも、トレーニングのオー

LUNES, 7 DE JULIO DE 2003 EL NORTE DE CASTILLA 15

DEPORTES DEL LUNES FÚTBOL

Aprendices de técnicos

Durante todo el mes de julio 36 técnicos preparan en Valladolid los exámenes para conseguir el título de entrenador nacional

Texto de **Mario Miguel.** Fotografías de **Miguel Ángel Santos.**

Los alumnos atienden a una clase teórica en Río Esgueva.

NO es una buena época para ser entrenador, visto lo visto. Aunque depende de cómo se mire. Los ciclos en el banquillo que se acaban dan entrada a otros técnicos y eso podría hacer realidad algún día el sueño de las 36 personas que en Valladolid preparan en julio los exámenes para obtener el título de entrenador nacional. Lo van a tener difícil, pues es casi imposible que un nuevo técnico irrumpa en el fútbol de élite, pero no les falta ilusión. Es lo que les motiva a seguir adelante. El nivel de exigencia es muy alto y si no tuvieran fuerza de voluntad habrían renunciado hace tiempo. Ex futbolistas como Rivas, Castaños, Sito, Sierra o Zapatera comparten aula con la nota exótica del curso, la japonesa Yuriko Saeki.

De lunes a sábado, prácticamente dedican todo su tiempo a las clases teóricas y prácticas. De 8.30 a 10.00 horas estudian en Río Esgueva aspectos que van desde la sociología hasta la biomecánica deportiva. A partir de entonces destinan un total de 8 horas al día para aplicar en el campo sus conocimientos.

El curso está estructurado de tal manera que durante este mes los alumnos se examinen de las materias prácticas y de las 'marías' teóricas. En octubre tendrán que demostrar sus conocimientos en las asignaturas de teoría más complicadas: bases biológicas y biomecánica deportiva, psicología de alto rendimiento, reglas de juego y dirección de equipos.

Posteriormente es obligatorio desarrollar un trabajo sobre técnica, táctica o preparación física. Si consiguen superar todas las pruebas, el último requisito será la firma de un contrato con un equipo como primer entrenador durante al menos seis meses. Sólo entonces obtendrán el título de nivel 3 y podrán dirigir desde el banquillo a equipos profesionales.

El jefe de estudios del curso, Lorenzo Sáez Hernández, comprende la dificultad de recibir tal número de horas lectivas -alrededor de 400- en tan sólo un mes, pero asegura que «es la única manera de que todos los entrenadores tengan las mismas posibilidades puesto que si se organizara a lo largo de un curso escolar eso beneficiaría a los que viven en Valladolid».

Requisitos

Sáez Hernández ha visto pasar por las aulas a un gran número de personas con la ilusión de obtener el título de entrenador nacional y defiende «la necesidad de prepararse teórica y prácticamente» antes de sentarse en el banquillo de un equipo profesional. «El caso de Cruyff es excepcional. Ha demostrado que sabe mucho y no ha recibido clases, pero he visto a muchos entrenadores que pensaban que podían equipararse con él y se han dado cuenta de que como Cruyff sólo habrá otros dos más»

El jefe de estudios del curso que organiza la Federación de Castilla y León de Fútbol no duda a la hora de señalar el principal requisito que debe tener un entrenador, «carácter». Sáez Hernández opina que «hay que tener mano izquierda para saber dominar el vestuario y, si no sabes hacerlo, los conocimientos quedan en un segundo plano».

Está claro que sólo algún elegido tendrá la remota posibilidad de llegar a Primera División. Todos son conscientes de ello, lo que les permite afrontar el curso no sólo como una posible salida laboral, sino también como un beneficio para su formación personal. Quién sabe si dentro de unos años alguno de ellos es un técnico de ésos de 'perfil bajo' que tan de moda están ahora y consiguen un hueco en la 'Liga de las estrellas'.

El ex futbolista de Primera División Juan Carlos imparte sus enseñanzas en el campo Luis Minguela.

YURIKO SAEKI | ALUMNA

«Mi ilusión es entrenar a una selección de base»

Texto de **M. M.** Fotografía de **M. Á. S.**

TIENE 29 años, lleva 11 en España y alrededor de una década dedicada a entrenar a equipos de base de la Comunidad de Madrid. Yuriko Saeki, japonesa, ha recalado en el curso que organiza la Federación Territorial de Fútbol con la intención de obtener el título de entrenador nacional después de «cuatro o cinco años» en el empeño.

-¿Qué le trae por Valladolid?

-Llevo cuatro o cinco años intentando sacar el título de entrenador en Madrid. Como no lo he conseguido me he decidido a venir a Valladolid para ver si tengo más suerte.

-¿Qué experiencia tiene como entrenadora?

-Llevo varios años dirigiendo equipos de base en Madrid. Conjuntos Alevines, Infantiles, Cadetes y Juveniles, uno de ellos perteneciente a la disciplina de la Escuela Fundación Real Madrid.

-¿A qué equipo le gustaría dirigir?

-Me encantaría dirigir a una selección de base. Es algo que nunca he hecho y que me apetece mucho.

-¿Y qué me dice del Real Madrid del fenómeno mediático Beckham? Sería la envidia de muchos compatriotas.

-(Risas). No sé, no sé. Creo que a muchas japonesas no les gustaría. Tendrían celos.

-¿Qué asignaturas son las que lleva peor?

-Desde siempre se me ha dado muy mal la preparación física. Además, a veces todavía tengo algún problema para leer determinados textos y eso es un hándicap para preparar las asignaturas.

-¿Qué cualidades considera indispensables para un buen entrenador?

-Antes que entrenador tiene que ser persona. Además, tiene que tener conocimientos, personalidad y capacidad para transmitir.

-¿Ha tenido alguna vez algún problema con sus jugadores?

-Nunca. Lo cierto es que hasta ahora no he tenido problemas. En el banquillo no hay apenas diferencia entre chicos y chicas, aunque, por mi propia experiencia, tengo que reconocer que quizá sea más difícil entrenar a féminas que a chicos.

猛暑の集中合宿中に、バルセロナでも活躍したホアン・カルロスを地元新聞社が取材。アジア人で女性という物珍しさなのか紹介された。（2002年、バジャドリードにて）

スペインサッカー協会のナショナルライセンス（レベル3）を取得した記念に撮影したもの。やり終えたという充実感にあふれている。（2002年、マドリードの自宅にて）

ガナイズも素晴らしかった」

　他の受講生たちも笑顔でうなずいていた。みんなの反応も、先生からのフィードバックもうれしくて、何度も「Muchas gracias（ムチャス・グラシアス）」とお礼を言った。

　その日から彼らの私を見る目が変わった。クラスで「たったひとりの女性でアジア人」で「かわいそうな子」だったのが、へえ、結構やるなと言ってもらえる「コーチ仲間」になったのだ。

　一気に打ち解けた。学生が夏休みのため空室になった学生寮の部屋に各々住まわせてもらっていたが、残念ながらロマンティックな報告は皆無である。毎日それどころではなかったから、人を寄せ付けない雰囲気だったと思う。とにもかくにも必死だったのだ。

　仲良くなった同級生や講師の先生たちから「ユリコ、これ耐えられるの？　すごいな」

と賞賛された。中には「やっぱり日本人の精神力は普通じゃない」と根拠がありそうでなさそうな言説を唱える仲間もいた。

私にとってあの合宿は「今、ここで取らないと、ナショナルライセンスは一生取れない」という背水の陣である。簡単に諦めるわけにはいかなかったから、気合は入っていたと思う。ただそれだけではなく、ハードスケジュールに耐えられる体力があった。

私は他の人たちよりも、まだ29歳と若かった。男性陣は皆30代後半から40代がほとんどだった。多くが現役選手を引退してから指導者の道に入るため、19歳でそのキャリアをスタートさせた私のほうがずっと年下だった。

その若さと「絶対取る」という強い覚悟が奏功したのか、晴れてレベル3を取得。スペインのプロリーグ監督として指揮を執る資格を得た。

マドリードに戻った私はコーチ仲間から「おめでとう」と祝われ、喜びに浸った。そのときは、より本格的な苦難が待ち受けていることなど知る由もなかった。

W杯日韓大会で準々決勝敗退となった翌日、スタッフルームを訪ねてきたスペイン代表のルイス・エンリケと。指導者ライセンス講習で同期だった。(2002年、光州にて)

2

30歳で味わった濃厚な4週間

ヘッドコーチから監督へ

スペインの首都マドリード。レアル、アトレティコと二つのビッグクラブを抱えるフットボールの街は、実は標高が657メートルもあり冬はぐっと冷え込む。空気が乾燥しているためか冬の空は澄み切って美しい。日中の真っ青な空はとても近く感じられる。

地元メディアの取材を受けるたびに「スペインの何が一番好きですか？」と聞かれ、そのたびに「マドリードの空」と答えていた。嫌なことがあってもその日は早く寝て、翌朝目が覚めたら、私の頭上にはあのスカイブルーが広がっている。何度助けられたかわからない。

そのマドリード市カラバンチェル地区に本拠地を置く、スペイン3部リーグのプエルタ・ボニータ。1942年に創立されたマドリードで最も古いクラブのひとつで、私は2003年のシーズンからヘッドコーチを務めていた。

バジャドリードで集中講座を受講中に、監督のマノロ・アルバラードから「資格を取得したらコーチとして来てほしい」と要請されたからだ。セミプロの3部とはいえ全国リーグである。10代男子ばかりを指導してきた者にとっては考えられないオファーだった。

当時のプエルタ・ボニータはグラウンド周辺に家屋やマンションが隣接していて、夕方の練習時間になるとおいしそうな夕げの匂いが漂ってきた。グラウンドで眉間に皺を寄せて必死にトレーニングをする私たちと、人々の日常が交錯する。得も言われぬ趣があって、私は好きだった。

その年の冬、クリスマス数日前の出来事だった。

クラブハウス中央にあるホールの階段を、私はゆっくり上って行った。幹部が待ち受ける部屋に行くためだ。先に監督のマノロが部屋に入った。背中が小さく見えた。

ほんの数分でまたドアが開いた。静かに出てきた彼は、私の目を見てかすかに微笑んだ。いつもと変わらないやさしい眼差しだったが、一抹の寂しさを含んでいることに気づいた。

「やっぱりクビなんだ。私も切られるんだ」

自分が置かれた状況は痛いほどわかっていた。私たちはすでに7戦勝ち星なし。危険信号が灯る状態だった。そのシーズンから私をヘッドコーチとして招き入れてくれたマノロは監督就任からすでに7年ほど経っていた。スペインでは珍しい長期政権だった。

フットボール界で生きる私たちは、3戦連続で白星を挙げられなければ「もうクビだね。そろそろ（契約打ち切りを告げる）電話が鳴るかな？」と冗談を言ったりする。そういうタイミングではあった。あのときも試合が終わるたびに覚悟をした。

デスクの前に足を運び硬い椅子に腰を下ろすと、クラブ幹部が大きく息をした後に口を開いた。

「ユリ、マノロの後を継いで監督をやってくれないか」

単刀直入に言うけれど……みたいな前触れさえない。完全に意表を突かれた。

「いや、マノロと一緒に退任だと思ったので……」と思わず口ごもる。長期政権だったマノロを慕うスタッフ、職員、ファンなどクラブにかかわる人たちの顔が目に浮かんだ。自分に監督ができるだろうか……。まったくもって想定していなかったシチュエーションに

「考えさせてください」と声を絞り出すのがやっとだった。

すると、幹部は「いや、そこまでの時間はないんだ。あと30分で練習が始まるんだよ」と私の目をじっと見た。

一体どうすればいいのか。

自分にチャンスをくれた監督が解任された。自分も一緒に引き下がることが恩義のある彼に忠誠を尽くすことではないか。ともに退く道を選ばなければ、それは彼に対する裏切

プエルタ・ボニータのリーグ開幕戦。当時はまだヘッドコーチ。公式戦のベンチはスーツ着用が慣習だったため、とても暑かった思い出がある。（2003年、マドリードにて）

りになるではないか――。

その一方で、目の前にある現実を見つめる自分もいた。

そんなことを言ってる場合じゃない。チームを何とかしなきゃいけない。チームは7試合白星なしの状態だ。海の底に沈んでいくチームから背を向けるのか。

しかも、シーズン真っただ中。新監督をゆっくり見定めて獲得するような状況ではない。さまざま事情を考えたら、実は私の葛藤などどうでもいいのではないか。今の状況では、チームの時計の針を再び進めることを最優先すべきではないか。

何よりも、あと30分で練習が始まって、4日後のリーグ戦に臨まなければいけない。

プエルタ・ボニータで監督を務めた4試合のいずれかの後。クラブ内にあるカフェテリアで何やら思いにふける姿を隠し撮り（？）されたもの（2003年、マドリードにて）

「あの子たちを見捨てるわけにはいかない」

マノロへの忠誠心も、葛藤も一旦横に置こう。何とかやってみよう――。私は覚悟を決めた。

部屋の外に、マノロが立っていた。確かな記憶はないが、幹部が目配せして「ユリがやることになった」と伝えたと思う。マノロは表情を変えなかったし、私に対し何も言わなかった。大人の対応をしたと思う。私たちは前後して静かにクラブハウスの階段を下りた。

下の階にあるロッカールームで選手が待っていた。まずはクラブのCEOが入り、マノロ監督の解任と私の監督昇格を選手たちに伝えた。次にマノロが入り、選手たちに別れを告げる。長期政権だったのでベテランの選手も、ユースから上がってきた選手も辛かっただろうと思う。

マノロとCEOが出てきて、外にいた私に「どうぞ、君の番だよ」と手招きした。残ったフィジカルコーチと私がその後に入った。

「これから今日の練習を始めます。何としてでも今の状況をひっくり返さなくてはいけない。降格ゾーンから抜け出さなければいけない」

手短かに終わらせた。必要以上にドラマを作り上げる必要もないと思った。監督の私はそのあたりはサクサクやるタイプだ。そのときも長いミーティングはしなかった。

8試合ぶりの勝利

監督昇格後、最初の試合までの練習時間だったと思う。

「みんな、ちょっと集まってくれるかな」

一度だけ練習を止めて選手を集めたことがある。トップにいる20数人の選手は怪訝《けげん》そうな表情で寄ってきた。

「マノロは監督として十分ではなかったかもしれないし、私も事足りないかもしれない。他のスタッフも、クラブも、不十分かもしれない。そうかもしれないけれど、じゃあ、あなたたちにできることは他にないのか？」

うまくいかないとき、選手は他者に責任転嫁し始める。スペインの人たちに限らないかもしれないが、物事がうまくいかないと自分以外の人に原因を見つけ出そうとする傾向があった。それが私はとても不愉快だった。

そもそもサッカーというスポーツは、対立軸が生じやすい構造だ。攻撃側と守備側で分かれている。例えば失点したとき、攻撃側はゴールを守れなかった守備陣を責めがちだ。対する守備側が「そこでドリブルじゃなくて、パスを早めに出しておけばカウンターを食らわなかったのに」と言い返せば、ピッチ上の人間関係は泥沼と化す。

他にも、左サイドと右サイド、同じサイドの後ろと前。ベンチと選手。さまざまな場所に対立軸が存在しうる。そのなかで各々が自分の言動に疑いをかけ、己に矢印を向けられれば、組織として必ず前進する。逆に矢印が外側に向いた人たちばかりが集まれば、そこには何も生まれないのだ。

「あなたたちに非はないのか？」

少しばかり声を荒げて訴える私を、選手は驚いたように見つめていた。いつもなら誰か何か意見するのに、このときは誰も何も言わなかった。そんなことを言われた経験は、彼らになかったのだろう。他者から自分の問題やトラブルの要因を探すことが、当然のようになっている文化の中で育ってきたのだろうと感じた。

この日から選手たちの目の色がガラリと変わった気がした。他者ではなく、自分の側に矢印が向いたのだと感じた。あのシーンは自分の中ですごく記憶に残っている。

就任第1戦、私たちはサン・フェルナンドを2対1で下し、8試合ぶりの勝利を挙げた。ここで一度最下位転落を免れた。それなのに、勝利の瞬間も、喜びに浸ったであろうその日の夜のことも、私はまったく憶えていない。

私は毎晩、ホワイトボードを前に手にしたマグネットを動かし続けていた。マグネットは自分の選手であり、次の試合で戦う相手である。

「相手はこのメンバーでくるだろうから、うちはこう戦う。こういう展開になったら、こうすればいい」

サッカーをする人や指導者の方は経験があるかと思うが、そうやって私も懸命に準備をした。それが最良の準備だと思い込んでいた。28日間、ホワイトボードとマグネットに憑りつかれていた。一日24時間、ホワイトボードを抱きしめて過ごしていた。

フォワードに誰を置くか。

ツートップにするのか、ワントップにするのか。

後ろは3枚にするのか、4枚にするのか、5枚にするのか――。

自分の頭の中だけで、ゲームマネジメントがグルグル回っていた。私のフットボールの

tercera división
DECIMOSÉPTIMA JORNADA GRUPO VII | 21

Yuriko se estrena con una victoria

El Puerta Bonita no ganaba desde el 19 de octubre

Completa igualdad entre los líderes

16
MARCA
FÚTBOL

REFUERZOS

Pachón se decide por el Getafe y Ania, cerca del Rayo

LOS EQUIPOS HOY L29

YURIKO DANDO ÓRDENES A UNO DE SUS PUPILOS

YURIKO SAEKI DEBUTÓ COMO ENTRENADORA DEL PUERTA BONITA

Una japonesa en el banquillo de un Tercera

Yuriko se estrenó como primera entrenadora del Puerta Bonita, equipo de la Tercera madrileña. La técnica nipona llegó a España con la intención de aprender el idioma y jugar al fútbol... una década después debuta en Tercera.

Título Nacional

TERCERA

LE GOLPEÓ EN EL PECHO

Tato, jugador del Villanueva, agredió al colegiado

「YURIKO白星でデビュー飾る」プエルタ・ボニータの監督として初戦を白星発進した翌日、スペイン国内大手の2大スポーツ新聞「AS」紙に。（2003年、マドリードにて）

世界観はすべて、ホワイトボードにあった。

そんなふうだから解が見つからないのは当然だった。システムだけで、選手やチームをドラスティックに変えることなどできない。そこにどれだけアプローチしたところで、結果にはつながらない。何も影響しないのだ。そこが、指導者として浅かった。

プエルタ・ボニータは一勝を挙げはしたが、その後あっさり3連敗を喫した。選手は全力を尽くしてくれたものの、壁は厚かった。どんなに対策をしても、どんなにホワイトボードの上でマグネットを動かしても、あれこれ考え準備をして臨んでも、勝ち点を落とすときは落とす。チームは誰かが操縦できる機械ではない、生き物なのだと学んだ。

4試合目はホーム戦だった。記者会見が終わると、クラブスタッフから「ちょっと上に来てくれるか」と声をかけられた。監督を引き受けたときと同じ部屋に通された。

「ユリ、4試合ご苦労だった。ありがとう。どうだろう。明日からスポーツ・ダイレクターをやってくれないか」

私は「それはできない」と伝えた。

スポーツ・ダイレクターは、トップから育成組織まで全チームの総責任者である。ヘッドコーチから監督になるときは、選手を見捨てられないという思いから引き受けた。しかし、監督としてここで一旦終了になった今の自分が他のポストを引き受けるのは「自分の人生観と違う」と考えた。

たかだか30年の人生とはいえ、それまで潔さみたいなものを自分の中で大切にしてきたつもりだった。引き受けるのは「私らしくない」と思った。

自分の中で答えは出ていたものの、クラブの幹部は「それは困る。このクラブには君が必要なんだ」と引き止められた。

「監督として結果を出せなかった自分に対し次のポストを提案してくれたことに、敬意を表さなくては」

そう考えた私は、一旦持ち帰る選択をした。1週間クラブを離れる時間をつくりさまざま考えはしたが、「やっぱり違う」と思った。自分がそれからあとクラブに貢献できるイメージがまったくわかなかった。

私はクラブを出ることを幹部に告げた。

明日の私は昨日よりも劣るのか

「ユリ、解任なんてなんてことないさ。フットボールの監督っていうのはさ、5回クビになって一人前なんだ。君はまだ監督じゃないぞ」

友人のベテラン監督が、ワッハッハと笑いながら私を励ましてくれた。

「5回クビで一人前」はよく言われていた。スペインのフットボール界では、まるで教科書に載っている諺《ことわざ》のごとく浸透していた。

4試合指揮を執って1勝3敗。時間的には4週間だったが、その時間の価値は1年分に相当したと思う。私の指導者としてのキャリアの中で最も大きなインパクトを残し、自分の中で大きく影響を受けた時間だった。

3部のセミプロとはいえスペイン男子リーグのチームで、女性として初めて監督を務めた。しかも、スペイン人やヨーロッパ人ではなくアジアの小国日本人である。日本は、その前年のW杯日韓大会で出場2回目。W杯初の決勝トーナメント進出を果たしたばかりで、欧州のフットボール界において存在感は薄かった。

物珍しさも手伝って、私は地元メディアから「初の女性監督」「初のアジア人指揮官」と取り上げられた。日本のメディアのほか欧州各国からも取材が入った。精神的にストレスではあったが、そんな雑音が入らないくらい、私は集中していた。

あの苦しい4週間は、私の指導者人生の中で最も楽しく充実していた。私は小学6年生から成人まで指導しているため「一番楽しかったのはどのカテゴリーか?」などとよく尋ねられる。そのたびに「カテゴリーでは判断がつきかねるけれど、一番楽しかったのはプエルタ・ボニータの4週間だ」と答える。

なぜそう断言できるかといえば、徹底的にフットボールを考えたからだ。

3部のトップなので選手は22人しかいない。コマをどう選ぼうが、システムを変えようが大したバリエーションがない。そのなかで、それまでの試合でさまざまなことをマノロとともに試してきたけれど、どれも機能しなかった。

例えば0対0もしくは1対0の展開で最後の5分で勝ち越されたり、一気にひっくり返された。負ける気がしないチームなのに、結局勝ち点を取りこぼすことが積み重なって降

格圏内に入りそうなる。そんなチームだった。

　そう話せば苦しいばかりの思い出に聞こえるかもしれないが、実は私にとって宝物だった。仮に監督をしたのが上位をいくチームだったら、これだけの学びや気づきは得られなかったに違いない。

　なにしろサッカーの指導者は問題解決の場数によって成長するものだ。多くのトラブルと課題を解決しなくてはならない。考え抜いて4－4－2で臨んだ試合でコテンパンにやられてしまうシチュエーションは、ひとつの逆境だ。それを解消しようと大急ぎでシステムを変えて3バックにする。一瞬上手くいく。上手くいってもまた次に何か起こる。要するに、われわれの仕事は課題解決の連続なのだ。

　それはピッチ上の90分だけではない。ロッカールームで起こるトラブルだってある。同じポジションを競う仲間同士険悪な雰囲気になることもあるし、チームメイトとはいえ気の合わない者たちもいる。また、これはレディースチームでのケースが多いが、スタッフと選手、選手と選手といったチーム内恋愛が存在するため、プライベートなところでトラブルが発生することもある。

　そういったトラブルも監督に突きつけられる。それをどのようにトラブルシューティングしていくか。その数が多ければ多いほど、それを適切に解決させたかどうかを横に置いたとしても、その経験によって指導者として育てられる。

プエルタ・ボニータではピッチ外でのトラブルはなかったものの、経験値としては圧倒的だったと感じる。すごく成長させてもらった。誰かに「何のために指導者を目指してきたか」と問われれば、あの4週間を味わうためだったと即答できる。そのくらい特別な体験だったと思う。

ヘッドコーチとして招聘《しょうへい》されたとき「ウェルカム」とキャプテンが言ってくれたのを憶えている。そうなったのは、やはりマノロのおかげだろう。リスペクトされ、人としても尊敬されているマノロ監督が連れてきた人がユリコ——選手にとってそれがすべてだったと理解をしている。

思えば彼らは、私がコーチから監督になっても「ユリコが日本人だから」「女性だから」といった素振りや言動は微塵もなかった。私がいきなりぽんと現れた女性監督ではなく、コーチとしてそれまでの数か月間をともにしてきた人間だからかもしれない。すでにチームに溶け込んでいたため、監督という立場になっても違和感はなかったと思う。

ハードな日々だったが、ともに戦ってくれた選手たちにはこころから感謝し、リスペクトしている。結果こそ出なかったが、その努力と闘う姿勢は素晴らしかった。

学びという収穫を両手いっぱいに抱えてチームを去った私は、その翌日から途方に暮れた。

「あれ？　今日から私はどうするんだっけ？」

家のソファーへ久々にゆっくりと腰を沈め、自問自答した。

それまでの10年間、指導者としてキャリアアップしていきたいと鼻息荒く突き進んできた。私にとっての指導者として認められる基準は、よりノウハウを積み重ねること。要するに、よりフットボールを学び、知ることだった。

その一方で、私はフットボール界の固定観念にとらわれていなかったか？　例えばU-12という小学6年生の監督をさせてもらったら、翌年は最低でもU-13の中学1年生に〝ステップアップ〟する。その次は最低でも中学2年生をやらせてもらえるよね？　と期待する。そうやって自分が持たせてもらえるチームのカテゴリー年齢が上になればなるほど、指導者として優秀である。それが私の評価軸だった。

スペイン男子3部リーグのトップチーム監督。その役職を経験したことは、29歳だった私の中で頂点を極めた。では、もし仮に明日からユースチームを受け持ったとして、明日の私は昨日のユリコ・サエキよりも劣るのだろうか？

「いや、その方程式は違うな」

単純にそう思えた。

そこから、優秀な指導者の定義とは何かを考えた。あの濃厚な4週間で、指導者にできることには限界があることを少しずつ気づき始めていた。

実を言えば、1章の冒頭でお伝えしたサン・セバスティアンで私が指導者研修に登壇したとき、提示したのがまさにこのテーマだった。2022W杯カタール大会予選ラウンド日本対スペイン戦を分析した最後の最後に、スペインの指導者たちに質問を投げた。

「インフルエンサーとして選手に影響を与え、チームマネジメントをする監督は、どのタイミングでどのような形でチームもしくは選手に影響を及ぼすことができるのでしょうか?」

つまるところ監督の役割を彼らに問いかけた。例えば、監督が及ぼす効果はどこからどこまでの範囲なのか。

そこで指導者たちは気づく。

どんなに準備しても、どんなに分析をして臨んでも、システムをこっちにしようかと長時間悩んだところで、意外と監督が与えられる影響の範囲は限定的である、ということに。

ではどうするか。

最初からプランを立てた戦い方ではなく、選手がその瞬間に肌で感じて臨機応変に変えていく。そんなことが認められるようなチームにするのか。

もしくはその逆で「ゲームプランと違うことをやっているじゃないか」とその都度指摘し、やはり自分が立てた計画通りにさせるのか。

「両者は大きく異なりますよね」

私の言葉に、指導者たちは大きくうなずいた。

プロフェッショナルは年俸の額では計れない

「あなたたちにできることは他にないのか?」

プエルタ・ボニータの選手たちへ、私は無責任に言い放った。20年経った今ならば、そこへのアプローチこそが私達の仕事だと思える。その都度、肌で感じて臨機応変に戦い方を変えられる選手、チームをつくるのが指導者の役目なのだ。

その考えに至る起点となったのが、プエルタ・ボニータでの監督経験である。この後に交わるアトレティコ・マドリードやビジャレアルなどでの経験を経て、指導者として少しずつ進化しながら、人としての視野も広げてくれた。

方程式が間違っていたことに気づいた私の中で、指導者としてキャリアアップしたいという欲がスーッと落ち着いた。上述した「宝物」という表現はあながち大げさでないことをわかっていただけるかと思う。

そうやって、おぼろげながら求める指導者像みたいなものが見え始めた。私の中でこの2003年のプエルタ・ボニータ前と後では、指導者をどう捉えるかがまったく違ってきた。それまでの10年間、毎年必ずレディース（女子）チームからのオファーがあった。選手が女性だから、指揮するのも女性監督と考えられていたのだと思う。プエルタ・ボニータ前の私は、「女子チームの監督をするのは、男子チームからのオファーが無くなったとき」という意味のないプライドを捨て切れなかった。そんなつまらない理由で頑なに断ってきた。

それなのに、アトレティコ・マドリードからU‐21レディース監督の声がかかったとき、すぐさま「やらせていただきます」と受諾した。指導者の評価軸の転換というリフレクションがあったからだ。指導者の定義を考えたとき、指導するチームが女子であれ、男子のU‐12であれ、対象カテゴリーと私が優秀であるかどうかは関係ないことに気づいた。

そこに気づいたからなのかはわからないが、アトレティコの指導を始めてから選手にこ

アトレティコ・マドリード・レディースU21監督時代。試合前のアップを開始するタイミングで選手たちと話している。（2004年、マドリードにて）

んなことを話した。

「技術を教えたり、戦術を伝えることはできる。指導もできる。けれど、ここところはあなたたち次第だよ」

自分の頭と胸を指して、自分で考えること、ファイトすることに関しては手を貸せないと伝えた。

「私は真剣にフットボールに取り組んできたから、あなたたちも同じ体温で向き合ってほしい」

それが言葉の真意だった。

アトレティコの指導を始めたのは2004年。その年のアテネオリンピックで日本女子代表はベスト8。前年の03W杯米国大会にも4大会連続出場を果たしている。一方のスペインは当時、両大会ともに一度も欧州予選を突破できない状態だった。女子の普及強化は日本とは比較にならないほど遅れていた。スペインではまだ女子サッカーの創成期と言っていい頃だ。

ところが、そんな心配は無用だった。当時国内女子のトップだったアトレティコ・マドリードの選手たちは、私の予想を超えるフットボールへの高い意識を持っていた。

最も印象に残っているのが、23年女子W杯で優勝したスペイン代表の背番号10ジェニフェル・エルモソだ。バルセロナなど名門を渡り歩きスペイン女子リーグで歴代最多5度の得点王を獲得したストライカーは、当時15歳ながら私が率いたアトレティコのU-21でプレーしていた。

ある日のこと。ナイター練習が終わってスタッフや選手と練習用具の片づけをしていたら、ほぼ照明を落としたピッチの隅で座り込んで泣いていた。驚いて近寄り「何があったの？」と尋ねたら、彼女は泣きじゃくりながら声を絞り出した。

「今日の、トレーニングが……全然思うようにいかなかった」

何かが噛み合わずうまくいかなかった、自分が思うベストな練習ではなかった。それが彼女の悔し涙になっていた。それはエルモソがしっかりリフレクション（振り返り）していると同時に、自分で考え抜いた証だった。そこに強烈なプロ意識を見た。私が頭と胸を指して「こことここはあなたたち次第だ」と伝えたことを、まさに体現してくれていた。

アトレティコ・マドリード・レディースU21監督時代。2023女子W杯優勝に貢献したジェニフェル・エルモッソら3名ほどが代表に選ばれた（2004年、マドリードにて）

スペインの女子代表が強いとか、メディアの露出が多いなどという環境ではなかった。ただただ大好きなフットボールと真摯に向き合っていた。それなのにひとたびピッチを離れれば、とてもひょうきんでチームメイトを楽しませてくれる。素顔はそんな15歳の女の子だった。

アトレティコはスペイン国内でいち早くレディースチームを発足。サッカーをする女子の中でクオリティと意識の高い選手たちが集まっていた。あの当時から、県外からでも小学生からセレクションし、13カテゴリーほどのチームを維持していた。当時、日本における読売ベレーザ、メニーナのような位置づけだった。国内では圧倒的に強く、多くの選手を代表アンダーカテゴリーやA代表に送り込んだ。

　当時まだレアル・マドリードはレディースチームを持たず（正式な登録は2020年7月1日とつい最近のことだ）、バルセロナがようやく女子のトップチームを1部に昇格させた頃で、アンダーカテゴリーの育成組織はなかった。他の追随を許さないアトレティコ・レディースの選手たちは、エルモソを始めフットボールとのかかわり方が圧倒的にプロフェッショナルだった。彼女たちの真摯に取り組む姿は、私に「プロフェッショナルは年俸の額ではないんだ」とあらためて教えてくれた。

　ビッグクラブなのでファンの視線は熱く、かつ厳しかった。試合中のスタンドから「チャーハンでも炒めてろ！」などとヤジを受けた。しかし、そんな差別的な言葉やむき出しの敵意にはすでに慣れていた。凝ったヤジだなと思ったときは、振り向いてほほ笑んだりした。選手同様、私もプロ意識を持ち続けた。

　アトレティコで素晴らしい選手たちに出会い、多くのことを学べた。10年もの間、頑固に断り続けたレディースを引き受けるに至ったのだから、私にとって「あの4週間」がターニングポイントになったのは間違いない。

　その機会を与えてくれたマノロとは、実はプエルタ・ボニータを離れて数か月後に再会した。その際、こう打ち明けてくれた。

「僕は今でもあのときと同じく、君が選択した君の今後のキャリアも素晴らしいものになるようこころから望んでいる。応援もする。しかしながら、君が僕と一緒に退任しない決定をしたことは、正直言ってとても寂しかった。自分と一緒に辞めてくれると思っていたが、それは恐らく自分のエゴだったと思う」

この言葉は、すごく有難かった。私も「当然一緒に辞めるべきじゃないかってすごく葛藤がありました」と正直に話した。その決意に至った過程や葛藤みたいなことを、オープンにしながらお互いの心情を赤裸々に語り合った。

「だけど、そんなこと言ってる場合じゃなかったよね！」

二人で笑い合った。

マノロはもともとのルーツはチリ人だった。ピノチェト軍事独裁政権下、家族と共により良い暮らしを求めてスペインに移住してきたのだ。そのこともあって、同じ異邦人である私を登用してくれたのかもしれない。すでに数十年間スペインに住んでいて、非常に人格者だった。そんな人に出逢えたことからして幸運だった。

もし再び同じような状況に置かれても、私はきっと「選手を見捨てるわけにはいかない」と同じ選択をするだろう。自分に力があるかどうかわからなくても、妙に正義感が強く体が自然に動いてしまう。それが「私らしさ」なのだ。

人は自分を疑い、常識とされるものを疑って変えなくてはいけないものがある。けれど、
中には変えなくていいものもある。そう思っている。

ビジャレアルの指導改革

3

歴史の勉強から始まった指導改革

私はアトレティコ・レディースで3シーズン過ごした後、バレンシアCFへ移籍。強化執行部のセクレタリーを務め、2008年からビジャレアルCFに在籍している。ビジャレアルの会長であるフェルナンド・ロッチと、現CEOのフェルナンド・ロッチは父子だ。スペインでは父と息子、母と娘の名前を継承する文化があるため混乱する。ここではロッチ会長（父親）、フェルナンド（息子）と区別することにする。

このフェルナンドから、20代後半の頃より「うちで働かないか？」と何度も誘いを受けていた。バレンシアを解任になったとき、すぐにまた電話をもらった。その熱意とクラブのビジョンに感銘を受け入団。U-19男子コーチやレディーストップチーム監督などを引き受けた。

そして2012年。私たちビジャレアルにとって大きなピンチが訪れる。スペインリーグ1部であるラ・リーガ所属の男子トップチームが、2部に降格したのだ。2部に甘んじたのは12-13年の1シーズンだけでその翌シーズンは1部復帰を果たしたものの、クラブは財政的に窮地に追い込まれた。それでもフェルナンドは育成に投入する予算を削らな

2季コーチを務めたビジャレアルU19。前から2列目、左から4番目のホアンビ監督はとても優秀な監督で、多くのことを教えてくれた。（2009年、ヴィラ＝レアルにて）

かった。

人口5万人の町にある小さなクラブは、もともと潤沢な資金で選手を集める買いクラブと一線を画す売りクラブだ。自分たちで選手を育てるのだという矜持を守り抜いた。

自前の選手を育てて可能な限りトップチームを強化する。そんな育成型クラブが、このピンチを機にスタートさせたのが2014年の指導改革だった。

クラブ内に「メソッド・ダイレクター」という新たな役職が設けられ、セルヒオ・ナバーロが外部から招へいされた。ビジャレアルの育成からトップチームまで育った選手であり、引退後は小学校教師を務めたり海外での指導経験もあった。セルヒオとサイコロジスト（スポーツ心理学者）3人、計4人がメソッドダイレクションのスタッフだった。

セルヒオとの最初のミーティングは緊張した。私は彼が「こういうタイプの選手を連れてきますよ。こういう選手を育ててくださいね」と説明し、チームプランみたいなものがパワーポイントでどんどん表示されると事前にイメージした。

だが、予想はあっさり覆された。セルヒオは私たちに説明するどころか、「みんなはどういう選手を育てたいのですか？」と問いかけた。彼の口から出てくるのは質問ばかりで、120人の指導者はあっけにとられた。

しかも指導の話の前に、フットボールと関係のないワークを課された。最初がスペインの歴史や社会的背景、その変遷に関する勉強だった。

「僕たちの今現在の指導方法がどこに

ビジャレアル・レディース監督時代。ちょうど指導改革が始まった年に、トップチーム監督と女子部門の責任者という重責を担った。（2014年頃、ビジャレアル練習場にて）

起因しているのかを探ろう」と言われた。スペインには内戦という痛ましい歴史があったこと。独裁政権に苦しみ、いくつかの戦争を経てようやく民主主義と自由を獲得したこと。そうした時代を経て、国の団結や復興のため、即効性を優先にしてきた背景があった。そうした現場では、与えられた指示命令、タスクを確実にこなすことが求められた。それを管理・監督する人間が必要だった。まるでフットボールの選手と指導者の関係性のように映る。

「これが古くからの指導だよね」

もっともだと感じた。その後、近代に入ると欧州統合が行われEUが現れた。スペイン人から、ヨーロッパ人としての自覚、さらに世界人へと、グローバリゼーションの渦中に自分たちがいることを自覚させられた。

現代で私たちに求められるのは、多様性、柔軟性、適応性、異なるものを受け入れる包容力だ。なおかつ、より良い人生、より良い社会のため、そして人々が自由を得るために必要となるのは、自ら考え自己決定する力のはずだ。

「それなのに、僕たちは何も疑うこともなく戦時中や戦後の学びの環境をそのまま無意識に継承していたんじゃないかな？　時代の変化とともに、求められる人材は変わる。であれば、育て方や指導の仕方も変わって当然だよね」

セルヒオたちスタッフの言葉にうなずくしかなかった。自らの生い立ち、育った環境や文化、そして母国の歴史をたどりながら、新しい指導のビジョンの糸口を探る作業を行ったのだ。

加えて、有名監督たちの試合前やハーフタイムのロッカールーム映像をつぶさに分析するグループワークも課された。

「彼らが選手になんて言ってるかな？　よく聴いて。どう？」

そう言われても、指揮官たちは「ぶっつぶせ」とか「死ぬ気で勝つぞ」と勇ましいエールを送るのみだ。

「そうでしょ？　監督が選手に与える言葉の影響力なんてそんなに大きくないんだ。これとは異なるロッカールームを僕は作りたいと思ってる」

セルヒオの意図することをすぐにくみ取れたわけではないが、私は未知のもの、新しい学びにワクワクした。

私たちは、セルヒオやサイコロジストたちから終始質問攻めに遭った。

「君はなぜそれを言ったのか？」「なぜ言わなかったのか？」「なぜそうしたのか？」「なぜしなかったのか？」

すべての行動に一人ひとりが自覚的になるようにと言われた。提案はすべて抽象的で、自分たちの何が悪くて、良いのかさっぱりわからない。答えを求めると「僕は答えを持ってないよ。君たちがそれを見つけるんでしょ」と突き放された。

「ああしろ、こうしろって教えてよ！」

指導者たちは皆、そう叫びたかったはずだ。その葛藤のなかで、いま一度自分たちの指導を振り返ろうというアイデアだった。

男女の幼児からトップまで総勢120人のコーチたち、一人ひとりのコーチングをつぶさに撮影した。選手たちへの声掛けから、何に注目しどこに意識をフォーカスしているかを知るためだ。そこには、「意識を向ける（フォーカス）ものは拡大する」「フォーカスすると思考は現実化する」「フォーカス（焦点）を変えると現実が変わる」という概念が存在する。

ピッチの外からコーチの姿や声をカメラでとらえるだけでなく、撮影される側は胸にアクションカメラとピンマイクをつけた。選手たちがその指導をどう受け止めているかを探るためだ。指導を前向きに受け止めているのか、それとも委縮しているのか。もしくは理解できないのか。そういったことがアクションカメラに映る選手の表情や動きから鮮やかに浮かび上がった。

撮影したビデオを見て、私たちコーチは互いに「あのアドバイスにはあなたの欲望が潜んでいない？　それって何だろう？」「選手に考えさせたほうが良かった」と指摘し合ったり、「あそこで選手に問いかけたのは良かったね」と褒め合ったりした。

選手にこうしなさいと命じるほうが手っ取り早いのかもしれない。しかし、その指導では限界があることを、私はプエルタ・ボニータ以降のコーチ歴で痛切に感じていた。指導者と選手の両者に「責任と主体性」を求めるセルヒオのメソッドに、私も他のコーチたちも徐々に活路を見出していった。

「悪い指導者」など存在しない

ここからは、私とセルヒオの対談から改革のプロセスや背景をお伝えする。

――私たちコーチを集めた最初のミーティングで「4－3－3の話は卒業しよう」と呼び掛けましたよね？　そこに行き着いた背景は？

セルヒオ（以下S）：個人的体験から導き出された結論でした。僕のバックボーンを説明すると、まずは選手としてフットボールをエンジョイしました。キャリアとしては、ビ

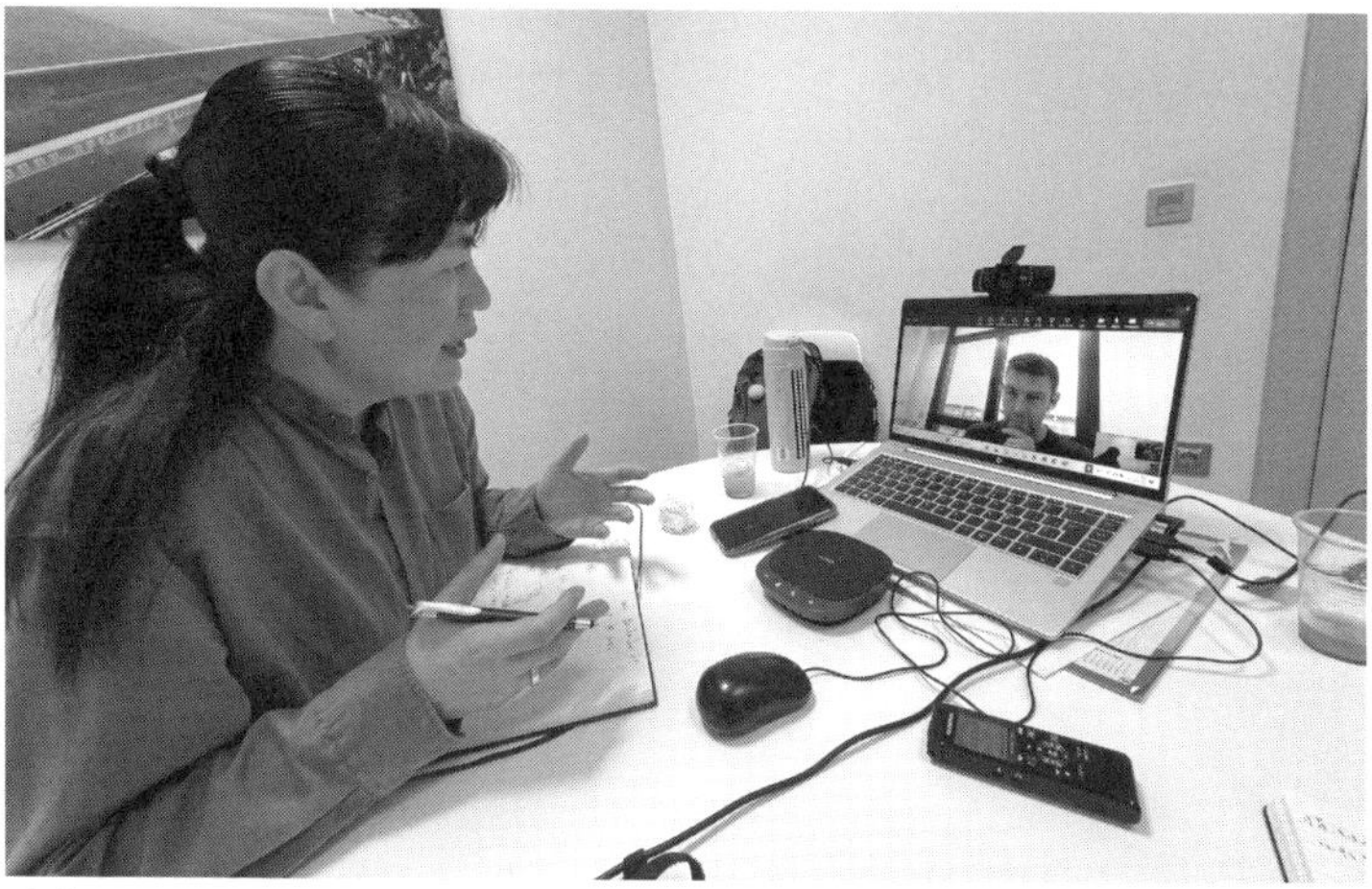

ビジャレアルで指導改革をリードしたセルヒオ・ナバーロ。所属するビルバオはリーグ上位をキープしていた。（2023年、ビジャレアルのオフィスにて＝島沢優子撮影）

ジャレアルのトップチームまでたどり着くことができました。その間、数多くの監督さんと出会いがありました。しかし率直に言えば、どの監督さんとの経験においても、僕に有益なインフルエンスはありませんでした。え？　これでいいのか？　違うだろうと指導のあり方に疑問を持ってしまった。そこで、現役を引退してからフットボールについて学習を始めました。大学での学び、さまざまな講習会やセミナーにもたくさん参加したし、大学では修士をとった。本も大量に読んだ。フットボールという競技について自分なりに考察し始めました。

――海外でも学ばれています。

S：ロシアとウクライナで貴重な経験をさ

せてもらいました。異なる文化に触れることで、また違う角度からフットボールを考察する機会に恵まれました。約10年ほどかかって出した答えが、結局は、選手という個を起点にフットボールを探求することが重要だと気づきました。フットボールは、選手の生き方やあり方など多くのことに起因している。そこから答えは導き出すべきではないか。そう考えました。

――メソッドダイレクターという形で古巣に戻られました。

S：ビジャレアルには数多くの素晴らしい指導者がいました。彼らはそれまで走り続け、一度たりとも立ち止まって考察することがなかったのだと、対話していて気づきました。そこですべてを打ち壊して、もう一度フットボールやコーチというわれわれの職業について見つめ直してみないか？　という提案をしました。

――本格的な改革を始める前にスペインの歴史や社会学、教育学など、フットボールを哲学的に学びました。どういう意味付けだったのですか？

S：歴史だけにとどまらず、教育学、社会学といった分野で名を残してきた多くの偉人たちの足跡やセオリーというものを振り返りながら、指導やフットボールに反映させながらら学びを深めました。なぜかというと、何千年という人類の歴史の中でわれわれの物事の考え方や何かを機能させる方法は継承されているよね、と。特に西洋思想のベースとなっているものが、実はピッチ上で指導する際のものの言い方、選手との関わり方にすごく反映されている。そこに僕らは気付かないまま無意識的に引き継いできたと考えたのです。

――最初は「え？　歴史？　社会学？　教育心理学？」と戸惑いましたが、指導を転換する必要性を理解してから入れたのは良かったです。

Ｓ：一見するとフットボールと関係なさそうなので、みんな驚いたかと思います（笑）。パブロフ、ソーンダイク、ＪＢワトソン、ヴィゴツキー、オーズベルといった人たちの理論をはじめ、西洋の思想というものがどこから発展してきたのか、どのように整理されてきたのかを僕らも一緒に学べて有意義でした。社会が生産性を上げようと経済重視で発展するなか、われわれは考える余白というか余裕がまったくないなかで育てられてきた。

（※）
パブロフ（イワン・パブロフ／帝政ロシア・ソビエト連邦の生理学者。『パヴロフの犬』の実験で有名）
ソーンダイク（エドワード・Ｌ・ソーンダイク／アメリカ合衆国の心理学者・教育学者）
ＪＢワトソン（ジョン・ブローダス・ワトソン／アメリカ合衆国の心理学者。行動主義心理学の創始者）

ヴィゴツキー（レフ・セミョーノヴィチ・ヴィゴツキー／ベラルーシ出身のソビエト連邦の心理学者）
オーズベル（デイヴィッド・オーズベル／アメリカ合衆国の心理学者）

――本当の問題解決を求められています。

S：その通り。ピッチで選手がどのように不安を感じ、どんなアクションをしているのか。どうしたら自信を持ってチャレンジできるのか、そういうところへの問題解決が求められています。にもかかわらず、そこへのアプローチはせず4－3－3の話ばかり繰り返してきた。戦うシステムで解決している場合じゃない。それが僕の結論でした。

――学び壊し（unlearn アンラーン）、学び直し（relearn リラーン）ですね。セルヒオにとって、ひとつの壮大な実験でもあったわけですね？

S：おっしゃる通りです。チームや指導者たちのさらなる可能性へのチャレンジ。その可能性を自分たちで見い出して欲しかった。当時すでにビジャレアルでは世界トップレベルの育成組織が整備されていました。それでもまだ私たち指導者は、勝ち負けにとらわれていました。その「とらわれた状態」に、指導者がどこに意識を向けていたのかが見て取れます。そこを変えたかった。なぜならば同じ勝利という成果を生むのに、今までよりもっと豊かなやり方がある。選手に勝利だけでなく人として成長をもたらす異なるやり方もあると気づいてほしかった。そのプロセスとして、フットボール、チーム、選手、育成などすべての概念を一つひとつみんなで細かく考察しました。それによって新たな視座が生まれました。

――学び壊しは、例えばどの部分？

S：まず指導者が立っている舞台というものが揺るがされる。そういう事象が起こりました。みんな撮影された自分の姿を見て混乱していた。ユリコもね（笑）。そういう目視で測れるものがあったと思う。もうひとつ、指導者一人ひとりの現在地は、その人の言葉や言葉を介さないコミュニケーションからはかり知ることができます。勝利にとらわれている人は、勝つことばかりに執着したコンテクスト（分脈）で選手にメッセージを送っていた。主語は誰？　意識（フォーカス）の焦点はどこにあたってる？　とみんなで何度も立ち返る作業を行った。

――どんな成果を感じますか？

S：スペイン語で言うとレスルタディスタ（resultadista）。つまり成果優先主義と、成果に繋げる過程をヒューマナイズする（人間味あふれるものにする）２つの指導法があると考えました。要は成果を出せばそれだけで良いのか、それとも選手を起点にして成果までの道のり、つまり「過程」にアプローチするのか。それまでビジャレアルでもレスルタディスタ的指導者が多くみられましたが、人を中心に物事を考える方向に変換できた。それが大きかった。そうすることで、指導者たちがより安心して、肩の力を抜き、本当に大切なことに集中して取り組める環境が生まれました。それが自分の中では一番の満足です。

――しかも、指導者が主体的に変容した。成果を生むまでのプロセスが良かったですね。

S：指導者の変容は「自分のものになる」ということで初めて完成と言えます。他人から聞いて「ああ、わかった。いい話を聞いた」で終わっていてはダメ。強制的に押し付けられているものでは根付かないし、本物ではない。

――具体的にはどんな姿を見ましたか？

S：ラ・リーガのグラナダで（２０２３年9月現在）監督をしているパコ・ロペス監督はビジャレアルで当時U-23の監督でした。２部リーグのレバンテのハビ・カジェハ監督は当時U-21監督。そしてユリコはレディーストップチームの監督だった。ビジャレアルのトップ5（※）の監督の中でこの3人はよく話をしていましたが、普段の会話からして大きく変わった。個々の選手がどうだとか、チームのここがまだ弱いといった評価から、自分たちの指導や扱う言葉に目が向くようになった。それは彼らの意識の方向（フォーカス）が変わったからです。選手やフットボールそのものに対する見方が変わり、監督の役割についての概念も変わった。数え切れないほど多くの変化を感じました。思考が具現化し始めた瞬間です。

（※）
【ビジャレアルのトップ5】ビジャレアルCF40チームのトップ5チームのこと。トップチーム・U-23・U-21・U-19・レディース。

——当時、セルヒオと「改革の成果は10年経たないとわからないね」と話しました。いま10年経って、当時育成年代だった子たちが大人になりました。あの改革をどう評価する？

S：育成部からプロになる選手の数や質について僕が評価する立場にはないけれど、成果のひとつは指導者の質の向上でしょうね。先ほど挙げたパコさんやハビさんのようにコーチの指導力は間違いなく伸びた。そこを他クラブに認められているからこそ、多くのビジャレアル出身コーチが移籍して活躍している。

——何をもって成果とするかっていうのはすごく微妙です。

S：それは当時から話したね。選手は結局、指導者からどんな感情にさせられたか？が一番記憶に残ると考えます。例えば僕らだって、人生の中で出会った人たちのことを思い出すとき、その人とコミュニケーションしてどのような気持ちになったかが記憶に残るよね。それがフットボールシーンだと、どのタイトルを何回獲ったとか、何回勝ったとかっていう事はどんどん忘れ去られていく。実は永続的に残るのはその人との関係性の中で生まれた感情記憶だと思う。

——優勝何回とかではないのですね。感情にすべて紐づいているのですね。

S：例えばパコ・ロペス監督の例を出すと、彼が当時指導した選手は今でもパコさんに連絡を取っています。それはよくありがちな「試合観戦したいのでチケットください」みたいなものではなく、選手としての相談や悩みを打ち明けます。そこには、選手のパコさんへの信頼の眼差しがある。彼らのパコさんとの日々が豊かだった証です。

——ああ、わかります。試合に先発で出た、勝ったという幸せではなく、パコさんのすべてに納得している。選手は「嫌なところはあるけど勝たせてくれたから」という理由では相談に行きません。

S：繰り返しますが、勝ち負けの記憶は選手の中にさほど深く長くは残らない。良いサッカーをしたなんてことも。残るのはその人を見る眼差しです。指導者の存在が、選手の人生を構成する大切な因子のひとつになっている。それに尽きる。これこそが10年前にやったアプローチの成果と言えるでしょう。

——かしこまって尋ねるのは恥ずかしいけど、私はどう変わったでしょう？

S：僕がともにした3年間で大きく変化しました。それは以前は未熟な指導者だったけど、成長したという意味じゃないよ。自分に足りなかった部分を補足することで、異なるやり方を身に付けていった。その過程でセンシビリティ（感度）が高くなったと感じます。

——私は決して高圧的な監督ではなかったけれど、選手とのかかわり方などコミュニケーション能力が乏しかったと感じています。

S：うん、うん、そうだったかもしれない（笑）。指導者というのは、ひとつの道だよね。そのとき、どの地点を歩んでいたとしても「悪い指導者」は存在しないと自分は思っている。あくまで、その人の「現在地」に過ぎない。もちろん、暴力や明らかなパワハラは論外だけど。あの3年間、ユリコは自分の中に多くの問いを立て、それに対する解を模索した。より多様な視点を身につけ、異なるアプローチを試みることで、明らかに質が上がったと思う。

――最初はどんな印象でした？

S：今まで言ったことがないね。お伝えします。みんなどう感じたかわからないけれど、君たち指導者と会った初日に僕は感動していた。なぜなら、男子部と女子部が同じ場にいて、指導のメソドロジー（方法論）とかフットボールの話をするのは初めてだった。フットボール界において、まずありえない男女平等機会の創出だった。

――まさしくそうでした。私は女子部の責任者とトップチーム監督を兼任していました。

S：そう。圧倒的な男性社会の中に君はいた。まずヒューマン・クオリティ。人としての質が高いと感じた。それから興味関心が高く、僕らの話を聞こうとする姿勢。それらがポテンシャルとして伝わってきた。対話すればその人の現在地や、何に意識が向いているのかがつかみ取れる。ユリコには大きな可能性がある。改革のキーマンだと確信した。スポーツ心理士でプロジェクトチーフを担ってくれたエドゥさんと話したのを憶えているよ。

「ユリコは指導者に戻るべきだ」と熱く語るナバーロ。ビジャレアルでトップまで上り詰めた後、教員、海外クラブのコーチなど多彩な経歴を持つ。（P79に同じ）

「ユリコはこれまで見てこなかった世界観をのぞき見た瞬間、大きく変容する指導者になる可能性を秘めている。ポテンシャルを開花させるためにも最大のサポートをしていこう」と。

——そうだったんだね。ありがとう。私の人生で本当に重要な3年間だった。セルヒオはあの後レバンテのトップチームでコーチングスタッフを、アスレティック・ビルバオでアカデミーダイレクターを任されています。ビジャレアルでの3年間はあなたにとっても大きかったのでは？

S：その通りです。自分にとって唯一無二の経験になった。選手としても長年お世話になったし、会長を始め経営者たちの思想はよく理解している。だから、クラブとして英断ともいえる指導改革に参画できたことは大きな誇りです。しかもその事実をユリコが日本に伝えてくれたように、貴重なフィードバックをくれる仲間たちがたくさんいる。僕にとっては奇跡です。

――ところで、今の日本のフットボールをどう思っていますか？

S：国として組織的に成長していることは間違いない。近年最も競技力が向上している国のひとつであると思う。W杯でスペインにも勝ったしね。でも、まだ伸びしろはいっぱいあると感じている。そして、そこにユリコは貢献できると思う。ただし伸びしろの話をし始めたらスペインも同じだけどね（笑）。

セルヒオ・ナバーロ（Sergio Navarro）

１９７９年生まれ。小学校教員を務めた６年間では発語障がいの子どもたちへの教育も経験している。海外での経験も豊富で、主にロシアで３年、ウクライナで１年指導している。２０１４年からビジャレアルでメソッドダイレクターを務めた後、レバンテＵＤを経てアスレティック・ビルバオのアカデミーダイレクターとして育成環境の改革に取り組んでいる。２０２０年には、ゲーム分析について、スペインリーグのアナリストたちと議論するというセッション（Barca Innovation Hub主催「DECODING the GAME」）にオンライン出演。バルセロナやアトレティコ・マドリードなど強豪クラブのアナリストらと渡り合うなど、その知識と知見はスペイン国内で高く評価されている。

音を立てない選手

セルヒオ・ナバーロが話してくれたように、私たち指導者が交わす雑談の論点は少しずつ変わっていった。

以前なら、爪楊枝やペーパーナプキンをちぎって選手に見立ててシステムや流行りのプレースタイルの話をした。バルやクラブハウスでの心地の良い時間だった。それが「(指導者である)自分はこうしたい」ではなく、選手の感情や意志を話題にするようになった。主語が選手になった。

さらにいえば「音を立てない選手」に注目するようになった。目立たない代わりに何も言わない。ある種、大人(指導者)にとって都合のいい子(選手)は必ずいる。彼ら彼女たちの優先順位をいつも後ろにしてきた。その逆で、意識を向けて時間とエネルギーを注ぐ選手は、決まって私たちのお気に入りだった。突破力があるキーマンで有望だから「あいつはフォワードより中盤の左の方が活きるんじゃないか」などと、同じ選手たちの話ばかりしてきた。つまり音を立てる選手だ。そこには、自分に反発する生意気で面倒な選手も含まれた。

しかし、セルヒオから「指導者の役割とは一体なんですか？」と問われた末に考え抜いた私達のミッションは、選手の成長支援である。

「だったら、選手とは誰を指すの？　自分が選んだ、サッカーが上手い11人だけなの？」

セルヒオにたたみかけられ、私たちコーチは目を白黒させた。いや、各カテゴリーとも22人いる。ところが、指導中のビデオ撮影やサイコロジストの観察から「えっと、今日の練習でユリコは22人のうち5人に一度も声をかけてなかったね」と気づかせてもらった。

「今日は、パウラには13回声をかけたね。でも、マリアはたったの2回だったよ」

サイコロジストからまずは数だけ見せられる。その次に「そこじゃないよ」などのネガティブフィードバックと、「ナイスパス」などのポジティブフィードバックで整理された私自身の発言集を見せられた。そこに指導者としての優越感のようなものがくっきりと映し出された。

「あー、本当にそうだね」

ワン・オン・ワン（一対一での対話）をする席で、私は力なくつぶやいた。

言ってみれば、私が18回ダメ出しをしている選手はまだ救われている。彼ら、彼女らに対し、他に言い方はないのか、選択肢はないのかを少しずつ改善していけばいい。一方で、音を立てない選手にはどうか。彼らに対し、そもそもエンゲージメント（かかわりの頻度）がまったくない。自分でも気づかないうちに、成長支援という義務を放棄していた。

その事実に、私たちは目を向け始めた。忘れられた存在の選手たちがたくさんいたことに気づき、その選手に対し私たちは何ができるのか？　バルやクラブハウスで、そんな話をし始めた。それによって意識が転換され、視野が広がる。そこからつながって「一体コーチ業とは何なのか？」を自ら考察するようになった。私たちの雑談はどんどん豊かになり、爪楊枝もペーパーナプキンも本来の役目を終えれば、テーブルの隅に追いやられた。

セルヒオは私たちに指示命令をせず、大切な事実だけを短い言葉で伝えてくれた。

「クラブは11人だけ強化してほしいなんて望んではいない」

「このクラブは、伸びしろがあると思った選手たちを各学年22人揃えている。22人全員が成長できる指導環境を君たちに求めているんだ」

なぜならば、人の可能性は未知数で第三者が決めることではない。私たちの仕事は、一人ひとりの成長機会、学校でいうところの学習権が同等に与えられる環境をつくることなのだ。したがって、私たちコーチが特権的に11人を選び、彼らだけ強化することはクラブの方針と異なる。

お気に入りの11人にエネルギーと時間、愛情を込めるのはやめよう――。そこへの気づきが私たちの中に生まれた。

「君たちが上手に指導できるかどうかなど問われてはいない」

セルヒオのこの言葉も、知的障害のチームも含めたコーチ120人のこころに響いた。指導が上手いとか下手といったことをクラブは問題にしていない。まったく声をかけられない、指導者から存在すら忘れられたかのような選手を出すなということだった。

音を立てない選手に、こちらが音を立てよう。そう私たちは決めた。これは、企業や大人の組織にもあるはずだ。リーダーは、社員やフォロワーの静寂にいかに耳を傾けられるか。それがなかなかできないことが多い。静かだからつい自分のなかで「彼らは問題ない」としてしまう。でも、リーダーが本当にしなければいけないことは何か？　と立ち返ると、答えは全員の成長支援に行き着いた。

それを時に邪魔するのは権威ではないか？　そんな問いも立てた。

チームでもっとも強い権威者は私たち監督だ。次に、選手の中でもリーダー格で元気のいい選手たちも発言権を持っている。それが総意のように扱われがちだ。そして、これはどの年代でも、プロでも、アマでも、男女にかかわらずよく見られる。

「でも、それって本当に豊かなことかな？」

私たちは、さまざまな事象にクエスチョンマークをつけては議論した。

「音を立てない選手はなぜ自分から発言しないのか？」

性格的にシャイで恥ずかしくて言えない。選手間にも力関係があるからリーダー格の子たちにぐっと睨みつけられると言えなくなる。いろんなケースが出てきた。そこを突き詰めると、すべてコミュニケーションの問題になる。では、その空間をどのようにほぐしていくか。

そこを課題にしてワークショップを行った。そのなかで、なかなか発言をしない子がやっと発言する状況を見出せたときに、彼ら彼女たちの発言がしっかり終わるまで待てない監督がいた。

「えーっと、それってこういうことだよね？　これが言いたいのかな？」

つい何か助言したり、口を挟んでしまう。私もそのひとりだった。本音で話し合うと、こころの中で「次のフェーズに早く行きたい」という焦りがあるとわかった。いろんなことを選手に身に付けてほしくて、つい自分のスピード感で物事を進めたくなる。エゴが先行してしまうのだ。こういったことについても、指導を撮影した動画を見てセルフチェックしていった。

徹底的に考察していくことで、音を立てない子たちが少しずつ見え始めた。U-13がU-14の試合直前のミーティングで意見する様子を撮影した当時のロッカールーム映像があるが、22名の選手たちは量的にバランス良く話している。みんながありのままの自分でいられるようになっていた。それより2年前は、リーダー格の3人がしゃべって終わりだった。コーチたちの問いに対し、大人たちが欲しい答えを出してくることがすごく多かったが、そこも変化を遂げていた。

すべて動画に収め、それを毎回チェックした。さんざん観つぶしてから、自分たちのアプローチ、介入の仕方、関わり方を変えた。そうやって導かれるんだと思ったとき、手応えが生まれた。

均一に声をかけることで選手全員がチームに参加する状態が生まれ、チーム全体が変わった。改革をスタートさせてから2年余りが経過していた。

指導者たちの抵抗

人間は、自分が知らないことに不安や抵抗を覚える。これはネオフォビア(新奇性恐怖)

と呼ばれる。指導者改革を始めた１２０人も、抵抗という感情と無縁ではなかった。

多くが、自分のやり方を否定されていると感じていた。全員が指導者ライセンスを保持し、習ったこと、良しとされているものをマニュアル通りにやってきた。それが良いか悪いかなど、疑う余地もなかった。すべてではないものの、コピー＆ペーストでありきたりな指導の繰り返しだったと思う。それなのに、まるで自分が考案した斬新な指導をしていると思い込んでいた。

コーチのハレーションについて、セルヒオは今回の対談でこう話した。

「そもそも指導者というのは、ある地位を確立した人たちだよね。指導者としての自負が脅かされる危機感がそこに生まれた。それは僕にもひしひしと伝わって来たよ。なぜなら、やり方を変えてもし勝てなくなったら自分は解雇されるのでは？　うまくいかなかったら自分は認められないのではないか？　良い監督、優秀な指導者ではなくなるのでは？　と不安が大きかったと思う」

その通りで、自分たちが知らない指導法に着手するのはすごく不安なことだった。上手くいかなかったら自分たちがクビになる。そう考えるのも無理はなく、多くのクラブでは評価する幹部が指導プロセスを理解することは稀だった。結果さえ出してくれればいいという姿勢が多数を占めていたと思う。

しかし、セルヒオやサイコロジストなどメソッドダイレクションのスタッフは違った。私たちに「たとえ結果に繋がらなかったとしても、そこが大事ではない。僕たちは今からチャレンジをする。僕らのチャレンジをクラブはよく理解しているから」と伝えてくれた。

彼らは、指導者に対する身分の保証が心理的安全につながることを理解していた。「これから異なるやり方に着手してトライをしてチャレンジをして失敗するかもしれないけど、イコールあなたたちのポジションは揺るがない。職を失うことはない」

そう言って、私たちの雇用環境の改善へのアプローチをしてくれた。

改革を始めて1年目、コーチたちは雇用環境が決して良くなかった。パートタイムが多く、ダブルワークで生計を立てている人が少なくなかった。生活に余裕がないなか、歴史の勉強をしたり、指導動画を見て自らの振り返りを行ったり、全選手と均等にワン・オン・ワンのミーティングを実施したりとやらなければならないことがすごく増えていた。それだけ要求の高いことを「パートタイムの彼らに求めるのはあまりにも理不尽すぎる」とセルヒオたちは結論付け、クラブの経営者と話し合いの場を持ってくれた。

具体的には「すでにフルタイム契約であったU-23、U-21、U-19以下、U-13までのスタッフを全員フル雇用して欲しい」と交渉してくれた。結果として雇用環境の改善が改革の2年目から着手されたことは、私たちコーチ陣が取り組みを継続するために不可欠だっただろうと思う。

ユリコの改革が好例である理由

ここからは、セルヒオとともにメソッドダイレクションのスタッフとしてコーチ陣と向き合ってくれたサイコロジストの話を伝えたい。彼の名は、エドゥ・モレジョ。当時すでにビジャレアルでこの仕事を6年も継続させていたベテランのスポーツ心理学者だ。

――改革に取り組む前にセルヒオとどんなことを話しましたか？

エドゥ（以下、E）：最初に監督の全体像を描いたんだ。従来なら、その姿は「選択をする人」「選ぶ人」「指示する人」「決定する人」とかだよね。言い換えるとチェスの駒を動かすように選手の配置を決めます。ただ、フットボールはチェスじゃない。動かされる駒にそれぞれ意思があり、感情がある。そう考えると、監督が指示命令して一方的に動かすのは土台無理な話です。決定プロセスに、駒である選手が参画することが大事なのではないか。なぜならば、人だからねってていう話を僕たちはした。セルヒオと僕らサイコロジストでね。

――それまでのフットボール界にはなかった考え方ですね。

E：特に育成組織における監督（指導者）は、自分がすべて正解を持っていて、その正解通りに選手に動いてもらうことで報酬を受け取るよね。逆に不正解の行動をした選手に対しては、ダメ出しをしたり、時に怒鳴りつけてきた。言ってみれば、選手に対し実行ボタンを押し、その通りに実行させるようなことを繰り返してきました。

――そうなると選手は？

E：常にパッシブ（受け身）で、参画の意思が尊重されることのないチェスの駒になる傾向があった。それは育成において大きな課題だった。その解決方法をセルヒオたちと話し合った。まず僕らがトライしたのは、指導者一人ひとりのポテンシャルの最大化。ポテンシャルというと選手の生まれつきの才能や素質と受け取られそうだけど、向き合う大人次第で選手のポテンシャルは拡大するのです。

――指導者改革は、言うなればポテンシャル拡大のための環境整備だったと言えますね？

Ｅ：そう。ひとつ挙げるとしたら、選手には創造性が必要だよね。それを生むには自由と、安心安全の空間。この二つが不可欠です。それらが提供されているかは最低限の環境条件だと考えます。そのなかで、主体である選手たちが自ら考え、選択する。間違った選択をしたり、間違ったらアクションを起こしながら、ミスを糧にしながら気づいてやり直す。そういったことを積み重ねていく。それが成長のプロセス。したがって指導者は、選手に「ミスや間違った選択をする機会」を提供しなくてはいけない。それなしに選手のポテンシャルの最大化はあり得ません。

――そこに考えが至るまでとても時間がかかりました。

Ｅ：そうですね。2、3年かかった。その間、一番効果があったのは映像を使ったものです。自分の姿を俯瞰して映像で見るのはすごく効果があった。それまで優秀とされた指導者は、たくさん勝利し、タイトルを獲っている人で、その人たちが指導者や監督として「勝ち組」みたいなスタンダードな考えがあった。そうではなく、ここで改めて「優秀な指導者とは？」の問いを立てたとき「いや、そこではないよね」という結論に達した。同じ成果にたどり着くために、他にもやり方がある。その異なるやり方を全指導者たちと一緒に体験していくアプローチをしました。

――これまでは自分が最も良いと思う選手たち11人を選んで結果を出すことがスタンダードでした。

E：だけど、同じスタンダードを作るために、若手選手を起用したり、普段スタメンに絶対起用しない選手を出したり、フォワードしかできないと決めつけていた選手を他のポジションで起用する。そこから生まれる新たな発見もあることに気づいて欲しかった。そして軸足は常に選手の成長。ここにフォーカスしなくてはならない。指導者は自分がいかに勝つか、いかに優秀な監督になるかではなく「より豊かに選手を育てる」「彼ら（の才能）を最大化する」。それがつまるところ良い指導者なんだ。そこに気づいてほしいというのが、われわれが最初に描いたプランでした。

――私たち、今まで「（私が）彼をフォワードで使わなかったら勝てない」と話していました。要は主語が自分なんです。

E：あらゆることにチャレンジし、ミスをして気づく。それは指導者も同じプロセスを踏めばいい。だから、やりたいことを思いついたら何でもやってみたら？　とコーチらに発破をかけた。例えば「この選手、センターバック6年間やってるけど、右のサイドハーフにしてみようか」と思えばやってみればいい。それがチームの試合結果と結びつかなくても構わない。それが広がってチーム力の最大化につながるかもしれない。何もやらなければ何も起こらないんだから。

――セルヒオにも尋ねましたが、エドゥさんはコーチたちに起きたハレーションをどう見ましたか？

E：クラブが言ってるから、上面だけでやっておこう、わかってるふりをしておこうみたいな指導者もやっぱりいたと思うよ。けれども君の場合、ほぼなかったね。新しい概念に取り組んでみようという姿勢が見えた。自分たちの映像もしくは音声を撮って持ってきなさいと言えば、率先して「私、撮るわ」とすぐにやった。自分のビデオなどを持ち込んで「一緒に見よう！」とみんなのミーティングの材料にしたよね。最後まで出さない人だっていたのに（笑）。常に前向きに取り組んでいて感心しました。

――そうだった？　開き直るのが早かったのかな（笑）。

E：指導者の進化、変容という面から見ると、ユリコは一番わかりやすい好例だったと

サイコロジストグループのリーダーを務めたエドゥ・モレジョ。オンダにて「指導者の進化、変容という面でユリコはわかりやすい好例だった」と語った。（2023年＝島沢優子撮影）

思う。なぜかというと、君がいつも話すように、君は日本人として日本の文化の中で育った。いわゆる「武道的な精神」とともに。何につけても、師匠や先生がいて、その人に教えを請う。その主従関係があなたの中にすごく根強くありました。それを学び崩して、新たな育ちとは何かを追求したよね。

——ああ、だからセルヒオに「改革のキーマンだった」って言われたのかな。日本的な教えを請うっていうような種類の関係性というものが、私の中で学習としてやっぱり身についてしまっていた。それで自分も教えなきゃ、ってなる。監督としての責任感が強く、何とかして勝たせなきゃと思うからこそ選手を抑圧するような振る舞いをしていたんだと思う。

E：それを打ち壊すことで、違うかたちの選手と監督の関係性が築けることに早くに気づけたよね。選手の成長に伴走してあげようっていう姿勢がすごく見えました。

――ところで、（2023年9月現在）ビルバオでセルヒオとともに指導環境の改革に着手していますね。

E：つい先日のミーティングでうちの指導者たちに「選手は今季リーグ戦で何位になったか？　なんていうのは5年後には忘れてるよ。君たちの実績や成果ではなく、君たちの存在そのものを思い出すものなんだ」と話したよ。選手に「このコーチに成長をサポートしてもらった」っていう感情をもたらすか。それが指導者としての価値でもあります。

――サイコロジストの役割が大きくなっていることを実感しています。他のクラブでも雇用は進んでいるのかな？

E：そう思いますね。存在感やその重要性は間違いなく増している。数としても増えたと思うな。スペインではフットボール界のみならず、スポーツ界全体で「サイコロジストは何をする人なのか」っていうのが明確に理解されるようになってきました。

――それっていつからなのかな？

E：2021年の東京オリンピック以降かな。パンデミック中にメンタルヘルスがさまざまな角度からニュースになり、同時にアスリートたちがメンタルの問題を自ら告白することが増えました。メンタルの不具合で一時療養したり、オリンピック欠場を決めた選手もいた。しかもそれがSNSの発達もあって世界中に拡散されました。それまでは足腰のけがは明かせても、こころの不調を言いづらかった。容易に理解されなかったのに。

――コロナと、1年遅れで開催された東京オリンピックが、皮肉にも追い風になったんだね。

E：そうです。2022W杯カタール大会で、ルイス・エンリケ監督の横に座っていたのがサイコロジストでした。その存在が視覚化されたことは、僕らの業界ではすごくありがたかった。

――ビジャレアルやビルバオ以外でサイコロジストを置いているチームはあるの？

E：他クラブでは、例えばバルサは確か7人いたかな。レアル・マドリードは5人くらい。短い時間で流動するけれど、そのくらいの規模感です。恐らく、大きなクラブはどこも最低でもひとりは存在するでしょう。とはいえ、ビジャレアルのように10人以上配置しているクラブは珍しい。ビルバオはいま7人採用してくれている。つまるところ人件費が必要なので、必要性を感じていてもすぐに増やせないのが現状でしょうね。そこで貢献が認められれば増えていくと思います。

――そういえば、聞いてみたかったの。最初に歴史をみんなで学んだよね。どう見えていた？

E：あれはクレイジーだったね（笑）。ここでのクレイジーの意味は、まったく意味のないことを遂行したというクレージーではなく、普通やらないことをやったねってこと。セルヒオと僕らは、歴史や哲学に紐づいていると確信がありました。そうは言っても、フットボールと一見関係なさそうな学問でしょう。コーチたちがそこで得た学びを実践に落とし込めるかどうかは未知数だった。壮大なトライでした。

――いや、ナイス・トライでした。

E：人間は、その学びを限定的にしてしまうと、成長の幅が小さくなってしまうと思うんだ。学びの領域を広げることが大切だよね。だから、みんなには「高速道路を走るつもりでアクセルをふかせ」ってよく言います。狭い小道に限定して学びというものを閉じてしまっていたら、指導者も選手も学びは深まらない。へぇ、こんな本読んでるんだとか、こんな映画観たんだ、こんな人と話したの？　っていうのがいい。ユリコもそうしてるよね。ナイス・トライです。

エドゥ・モレジョ（Eduardo Morelló）

1977年生まれ。2004年よりスポーツサイコロジストの職に従事。20年のキャリアを持ち、フットボール界のスポーツ心理学者の第一人者でもある。08年からビジャレアルに在籍。サイコロジストグループのリーダーを務めた。24年2月現在もセルヒオ・ナバーロとともにラ・リーガ所属のアスレティック・ビルバオで指導環境の改革に取り組む。

自分を疑う力

4

トランスフォーメーションが
新時代の選手を育てる

日本の友人に聞いたところ、「スポーツ心理学」には2種類あるとのこと。ひとつは弱っている人や悩みを抱えている人、精神疾患のケア。もうひとつは選手をサポートする教育的心理学だ。ビジャレアルのスポーツサイコロジストたちは、2番目に挙げた教育的な心理学の領域に含まれる人たちだと理解している。

ビジャレアルのサイコロジストは2014年の改革スタート時、まだ各カテゴリーにひとりの配置ではなかった。全体で3人。全員が正規雇用だ。その3人が各チームを回りながら監督やコーチに気づきのためのサポートをしてくれた。その後10人になった。

他の指導者はサイコロジストがそばにいる状況ではなかったが、私はラウラ・サンチェスがレディース担当になり、私をマンマークでずっと支援してくれた。私はある種特別な扱いを受けていた。

――選手にはどんなサポートしているのかな？

ラウラ（以下、Ｌ）：まずは自分の言動に自覚的になってもらうこと。それが私たちの最初のアプローチです。そのために行うのが「サイコ・エデュケーション」（心理教育）です。心理教育は、対象者に心理学を教えることではありません。心理学の理論や技法を、教育に援用することです。新しいことを学習するには、自分たちの思考の仕組みを知ることが重要です。その考えや傾向はどこから来ていて、どのように生まれているのか。それが行動にどうつながっているのか。そこに対し自覚的になってもらうのが初めの一歩です。

――要するに思考と行動の教育だね。例えば試合中、すぐにキレてしまうというか、感情的になりやすい選手がいます。

Ｌ：キレると、その存在も消えてしまうことになりかねません。こころも、動きも、止まってしまう状況はよくあります。そのときに何が起きているのか。自分の姿を外から俯瞰的に見せてあげることで、実像が見えてきます。そんなときビデオ映像はとても有効的なツールです。ビデオがあることでとても助かっています。サイコ・エデュケーションは自己認知することが大切なので。

――トレーニングも、試合も、全部撮影してるよね。

L：そうです。つい先週、同じケースのアプローチをした選手がいました。その選手は試合でよくファウルを取られていました。そこに意識を向けなければ、プレーに影響するのではないかという話をしました。すると「僕は怒っても、キレてもいない。悲しくても、落ち込んでいても、いつも全力でプレーをしているから、（パフォーマンスには）影響していないと思う」と言いました。

――なるほど、自分ではそんなふうに感じていたわけだね。

L：ところが、実際の動画を見せたら、下を向いて、うつむき加減でトボトボ歩く姿が映っていました。映像を見て自分を俯瞰的に見て自認する作業はとても大切です。彼は「本当だ。確かにうつむき加減に歩いてる」と認め始めました。こころの中で起こっていることが自分の行動に反映されていることを初めて知るわけです。

――そのサイコ・エデュケーションを、まさしく私たちも受けました。

L：いま振り返ってみると2014年は、自分もプロのサイコロジストとして初めて指導者のデベロップメントにかかわったスタート地点でした。とても強く印象に残っています。私は運よくレディースの指導者支援にかかわれた。そこでユリコの学び壊し、学び直しに寄り添えた。すべてが私にとって幸運だったと感じています。

――私はどんなふうに見えていたのかな？

L：強く記憶に残っていますよ。選手を勝たせたい、良くしたいという欲よりも、どちらかというと新たな学びを吸収する意欲を感じました。ユリコはレディーストップチームの監督であり、女子部の責任者でもあったので、女子部の指導者15人くらいを積極的に集めてくれました。学びの場であるミーティングに参加する姿勢は、素晴らしいものがありました。

――「感情丸」の話をしてくれたよね。上流から「感情丸」という小舟が流れてきました。あなたなら、その「感情丸」をどう扱うか？　飛び乗って自分も一緒に流れる？　下流に流れるのを岸から眺める？　って。もともと気が強くて短気な性格の持ち主だと見抜かれていたんだね。

L：ユリコは監督と女子部の責任者という二つの顔を持ち、他のコーチに対してもアプローチしなければいけない立場でした。感情のコントロールをしようと方法論から入るよりも、感情に執着すると本質を見失うよねっていう原論めいたことを押さえてもらう必要がありました。なぜなら、他のコーチに伝える役目も担ってほしかったから。

——そこをきちんと押さえてから「自分の感情と距離をとるトレーニングをしましょう」と言ってくれたのを覚えてるよ。

L：確かにいろんなことをやりました。選手に対するコミュニケーション能力をさらに向上させて質の向上を図るトライをしたときは、私が影となってユリコの言葉一つひとつメモを取りましたね。ワン・オン・ワンでフィードバックして、リフレクションして。女子部のコーチ15人に対するコミュニケーションについても、その軌跡をすべて書き込んでドライブにアップしました。

——うん、うん、やりました。ご面倒をおかけしました（笑）。

L：いえいえ。ユリコの担当はとっても楽でしたよ。なぜかというと、あなたは自分のすべてをオープンにさらけ出して、何でもお願いしますっていう状態だったから。要は抵抗がなかった。最初に、選手との関係性、それからその他のコーチングスタッフとの関係性をより良いものにしていきましょう、っていうところから始めた。それは私がテーマとして提案をして始めました。それ以外のところでも、常に私に対してどんなヘルプをしてほしいのかっていうのをすごく明確に伝えてくれました。仕事がすごくやりやすかった。

——コーチの中には、自分の課題がわからないというか、何に困っているかを言語化できないケースもあったと思う。

L：ユリコはその言語化することに長けていました。スペイン人よりスペイン語が上手い（笑）。私たちサイコロジストの仕事は一人ひとりをスキャンしていくのが出発点。要は各自の課題やニーズを読み取るんだけど、そこが必要なかった。ユリコ自身が自分の中のコンフリクト（対立）や葛藤を自覚していたからです。

——今思い出したんだけど、改革のワークに取り組む前に私自身の起源というか、私という人間がどこから成り立っているかというリフレクションをしたよね？

L：それについては、ユリコはこんなことを話してました。

「そもそも私のマインドとか物事の考え方とか基準は、スペインで生まれ育った選手たちとまったく異なる気がする。そこへの不安にどのようにアプローチをすれば、彼女（選手）たちが必要としているものに近づけるのか。そこが、いまいちわからない」って。

――よく覚えてるね。私はその当時、すでに20年間スペインにいてフットボールにかかわっていました。自分が選手だったときもチームメイトの考え方や反応の仕方や発言を見ながら、まったく違う生き物なんだなって感じていた。それが指導者になって「私は彼らとは違う生き物なのに、どう折り合いをつけていくの？」って不安を感じていた。

L：大きな違いは「権威への畏れ」だと思います。日本の教育を受けるなかで、出会った大人や教師もしくは指導者は絶対的な権威を持っていて、彼らに逆らうことはできないし意見することもできない。だから「従うことに慣れていた」と話してくれましたよね。権威を恐れるというより、そこには目上の人を敬わなきゃいけないという気持ちもうかがえました。

――でも、いつも通り何も言わなかったよね。

L：はい。私たちサイコロジストはジャッジするわけでも、意見してオピニオンを形成する仕事でもありません。だから私はユリコに何ら指示命令していません。ただ情報として大切なものを預からせてもらって、あなたが新たな道を見つけるのを支援しただけ。もっといえば、私が学ばさせてもらった感覚のほうが大きい。サイコロジストとして成長支援をするうえで大きな学びがありました。すごく感謝しています。

――ところで、私は「日本人だから従うことに慣れている」って言ったけど、スペインの選手も実はそういう側面があったのでは？

L：とてもいい質問ですね。それでいうと、今はもうクラブにいなくなってしまった方ですけど、大ベテランの男性コーチを思い出しました。そのコーチがあるシーズン受け持ったのは、主体性というものがまったくもって育ってきていない選手が揃ったチームでした。自分たちで考えて判断するとか主体的な意見が何もない。彼が「この空間ではみんな自由に言っていいんだよ、全員の意見が許容されるんだよ」と言ったところで機能しませんでした。

――うん。改革がスタートして間もない時期は、そういった状況はそこここにあったね。そのような変容や改革期のことを「トランスフォーメーション」[※]と表現することがあるけど、日本の指導者にも同じ葛藤を抱えている人は多いと思う。

L：そのコーチは主体性を持たせるチーム作りを信じてきました。けれども、チームは迷子になっている。自分の理想を貫くことが彼らにとって良いかと言えば、そのときはNOでした。道に迷ってしまってどうしていいかわからない選手たちに対し、そこでは異なる道を選択。ある程度型にはめてオリエンテーションすることにしたのです。これはこうしよう、ああしようと、まずはコーチから投げてあげる。それが選手にとって必要な時間であることに気づいたのです。

（※）【トランスフォーメーション】transformation＝変容、変質。DX（デジタル・トランスフォーメーション）、GX（グリーン・トランスフォーメーション）など、他分野でもよく用いられる。

――つまり、本来の自分とは違うリーダー像を提供した。

L：そういうことです。指示命令してやらせることを卒業しようと改革は進んだけれど、そうじゃない場面もあったのです。当然ながら、指示命令型の指導のもと従順な選手を育てる従来の形から、主体性を育むような指導へとトランスフォーメーションを試みる。そのことはクラブにとって、組織としての責任でもあると受け止めていました。ただ、指導者のあり方はひとつではありません。さまざまなリーダーのかたちがある。そのバリエーションを自由自在に、臨機応変に使える人が求められると私は考えています。特に改革期には。

――具体的に言うと?

L:例えば指示命令型であったり、抑圧的であったり、高圧的であったりするコーチがいる一方で、選手の主体性を育むため、彼らを尊重してすべて委ねる人もいる。あくまでも理想は後者ですが、二つのリーダー像の間にはグラデーションのように何百種類もの形や色彩があります。それを踏まえて、リーダー像をニーズと現状に応じて自分で変えていく。適切に色彩を変えられる指導者を私たちは育てなくてはなりません。

――選手に主体性を求めるけれど、土台を築く時間も必要だってことだね。二階建てなのに、一階に柱が一本しかない家なんてないものね。

L:おっしゃる通りです。監督が自分のやり方はこうだからと、無理に押し付けてチーム作りをしてもうまくいきません。私はこういう人間でこういうやり方でチームを作るという理想はある。けれども目の前にいる彼らがどんな状態で、何を必要としているのか。それをまずはしっかりと把握をすることが大事なのです。そこから自分たちのアプローチの仕方やアクションプランを立ててチーム作りをしてほしいと思います。

――日本の指導者にとって示唆に富む話だと思う。ありがとう。そうやって、ビジャレアルの指導者たちも随分変わってきたよね。

Ｌ：この10年、うちの指導者は、まさに民主的なチーム作りをしてきたと思います。全員が何を言っても大丈夫な安心安全な空間作りをし、主体性を磨き上げました。それを当然なものとして選手も育っています。高圧的で指示命令型の指導者像、つまり怒鳴るとか、強制するとか、命令するようなコーチ、監督がいない場所で、彼らは育っています。トランスフォーメーションによる恩恵を受けた、新時代の子どもたちです。

――従順な選手から主体的な選手の変容は、新時代に向けたＡＸ[※]（オートノミー・トランスフォーメーション）とも言えるね。まさしく新しい時代の選手の中から、新しいスタイルの指導者が出てくるんだろうね。

Ｌ：そんな文化が構築されたら嬉しいですね。どの時代になっても、「考える」は、「問う」から生まれます。だから選手に対して問いを立て続ける。そんな時間の投資が必要でしょう。最初は自分で考えたりできず迷子になるのですが、そこに時間を注ぎ込めばその先に必ず良いことが待っています。それはすなわち、良いチームや良い指導者を育てる投資でもあります。そこを大切にできるビジャレアルというクラブを、私は誇りに思います。

指導改革時にサポートをしてくれたサイコロジストのラウラ。選手に問いを立てることを「時間の投資」と表現した。（2023年、オフィスにて＝島沢優子撮影）

（※）
【オートノミー・トランスフォーメーション】
autonomy transformation ＝自主的な変容。

ラウラ・サンチェス（Laura Sánchez）

１９８０年生まれ。ジャウメ一世大学（ＵＪＩ）出身。元バスケットボール選手。大学卒業後、人の役に立つ仕事をしたいと考え「この世で最も愛するスポーツと、人の役に立つという二つのバリューが重なって、スポーツサイコロジストの道を選びました」と語る。２００９年から同職の活動を開始。14年にビジャレアルに正規雇用され、セルヒオ・ナバーロや、エドゥ・モレジョらとともに指導改革をサポートした。

選手はどうやって変わったか

どの時代になっても、「考える」は「問う」から生まれる。だからこそ選手に対して問いを立て続ける時間の投資が必要だ——。こういったことを伝えてくれるラウラや、エドゥたちに、指導者としてキャリアの最初のほうで出会えた人たちは本当にラッキーだと思う。そういうことを理解しているコーチに出会う選手もまた幸せに違いない。

指導改革を始めて私が最初に手応えを得たのは、まさしく選手に問いかけたときだった。選手への問いかけを増やしていくと、選手がものすごくストレスを感じ、混乱し、苛立って上手くプレーすることができなくなる状態が見て取れた。その瞬間、「ああ、こういうことなのだ」と腹に落ちた。

自分で考えなさいという状況を作ると、それが無理な子、考えることができない選手が生まれる。なぜならば、つい昨日までユリコから常に「右だ」「左だよ」「そこでショート」と言われてきた。そんな環境で育ってきた選手たちは、実はすごく楽な状態でプレーしてきている。自分で考えなくていい。判断しなくて済む。

それなのにいきなり「自分で考えて」と言われる。右も左も言ってくれなくなったら、ベンチを振り返って苛立ち始める。

「私は何をすればいいのか言ってよ」と文句を言ってきた選手を見た瞬間、「まさに私の被害者だったのだ」と納得した。一方的に答えを与えてきた選手はこうなってしまうのだ、と。ひとつの手応えだった。

あっという間に自分で考えるようになった選手がいた一方で、思考のメカニズムがストップしている者もいた。それは本人の責任ではなく、それまでにコーチから言われたことを上手にやってのけることを習得していたからだろう。その指示がなくなった瞬間に混乱するのも無理はなかった。

混乱する選手には、個人のプレーを切り取った動画を一緒に観ながら「あなたはどう考えていたの?」「次に同じ場面が出てきたら、どうだろう? 何をする?」と対話した。ワン・オン・ワンの支援に時間を費やすことは、指導者としてやらなければならない。そういったことが私たちの中で明確になっていった。個別最適化の必要性を痛感した。

そのように、個人差はあったものの、選手は少しずつではあるが変わっていった。

選手やコーチ陣の変容を促した私たちの指導改革について、最初に書籍として世に出たのが『教えないスキル』である。この本を読んだり、ビジャレアルの変革を小耳にはさんだ方々からよくいただくのが「改革メソッドのテキスト（文書）はないのですか？」という質問だ。

実は、そういったものは一切ない。ミーティングの様子、ワークショップやグループ発表、ワン・オン・ワンの様子などを撮影した膨大な量の動画と、ワークショップやプレゼン資料などは残っている。しかし、セルヒオ・ナバーロらの「フットボールの進化はすごく速いから、そういう冊子を作ってもどんどん古くなるから不要でしょ」という意見から、特段テキスト化していない。

改革する以前は、コーチたちはパソコンでの動画編集やデータ入力に時間を費やすことが多かった。時間は有限なのに選手と向き合えていないことが疑問視され、対話を重視する方針に転換した。それなのにコーチらにテキスト化することに労力を傾けよと命じるのは本末転倒である。チームとして優先順位のつけ方を改善する必要があった。

私たちは、何かを試してみては「全然意味なかったね。次はこっちをやってみよう」というトライ&エラーの繰り返しをしていた。そういった失敗をそれぞれが重ね、指導者が自分なりのスタイルをつくってきた。テキスト化されたマニュアルに沿った指導とは、似て非なるものなのだ。

さらにいえば、メソッドを作らなかったのは、コーチの成長支援をしたセルヒオたちが

「言葉を軽く扱わない」ことを信条にしていたことも理由かと思う。彼らに、私たちは細部まで厳しく指摘された。

「ちょっと待って、ちょっと待って。話を進める前に、まずは君たちが使っている言葉の解像度を高めよう」

そう言っては、使う言葉に対する共通認識を持たせようとした。例えば「チームを底上げする」という言葉が出るとする。私たちに「みんなが考えている〝底上げ〟の定義って何だろう？」と、コーチ一人ひとりから考えを引き出した。

あるときは「プレッシャーが緩い」という話をしていたら「プレッシャーという言葉をまずは定義しよう」と提案された。さて、どういう状況が「緩い」のか。選手のほうも「コーチはプレッシャーが緩いって言うけど、私はめっちゃめちゃプレッシャーかけてるつもりなんだけど」と困惑するケースは少なくない。

じゃあ、ちょっと可視化してみよう、数値化してみようと話が始まる。

「強いプレッシャーは、相手との間合いを30センチに詰めることなのか」

「15センチじゃないの？」

「もっとだよ。3センチとか？」

そこで各々が異なる解釈であることに初めて気づく。であれば、この「底上げ」や「プレッシャーが緩い」という言葉に対し、同じ定義が出来上がった状態で話を進めなくてはならない。そうしないといくら議論してもまったく違う話になってしまう。そういった大切なことを、私たちは学んだ。

こうやってコミュニケーションしながら一つひとつの言葉の定義を合わせていく作業をした。指導者側の言葉の解像度が高まれば、選手とのコミュニケーションの質はいっそう高まる。そうすれば選手含めチーム全員が見るものやイメージが統一され、個々の成長やチーム強化にプラスになる。私たちは言葉の一つひとつを、神経質なほど大事に取り扱うようになった。

テキスト化しなかったことを、サイコロジストのエドゥに尋ねたら「結局のところ、指導するのは人間でしょ？　すべてに個人差があるからね」という答えが返ってきた。「これを全体主義的にマニュアル本の通りに、レッスン1、2。その次は3というふうに勉強し終わったところで、全員にとって同じ効果が生まれるのかっていったらまったく違うんだよね。僕らにはスポーツ心理学という学術的なベースはあるけれど、マニュアル通りにやっていくのではなく個々が必要とするものに合わせた実践が最も効果的だろうね」

彼に言わせれば、コーチが選手に声をかける場面は今なのか、介入するタイミングなのかは人によって受け止め方が違う。まったくアドバイスしないほうがいいこともある。フラストレーションの感じ方、怒りを感じる要素も異なるうえ、解決できるスピードも人それぞれ違う。

「僕らが生み出したい環境のコンセプトは、選手の成長の最大化だよね。であれば、そこを突き詰める姿勢と環境さえあれば、恐らくどういうやり方をしようと同じような結果は得られると思う」

こうすべき、ああすべきとマニュアル化してしまうとリスクも出てくる。最も大きいのは「わかったような気分になる」ことだろう。そのことは、ビジャレアルの指導改革で私自身が痛感していることでもある。

エドゥは改革スタート時の話もしてくれた。

「チームというのは、個の集合団体だよね。したがって、個がパフォーマンスを高めることによって、チーム力が上がる。だからわれわれクラブは個の支援をする。そのためには、個の最も近くにいる監督、コーチの一つひとつの指導の精度を高めることが必要だ。それが結局はチームを強くすることに繋がりますよね？　ということをクラブ側と共通理解を深めたところから出発したんだ」

エドゥの言う「個の支援」について思い出したことがひとつ。幸福度世界一で軍隊を持たず対話による解決を尊ぶ中央アメリカの小国コスタリカが、国の教育定義をこう打ち出している。

「『個』こそが学習（成長）プロセスの中心であり、社会変革の主体である」

軍隊がないからこそ、国際連合の研究機関である国連平和大学（UPEACE）の本部キャンパスが置かれ、「幸せ」をキーワードに教育が考えられているようだ。

そんなコスタリカと、ビジャレアルによる選手の学習環境のトランスフォーメーションは似通っている。

スポーツ心理学を学術的に学んだ彼らは、その知識を指導現場に応用し、実践することで初めて価値が生まれると信じているのだろう。ここでいう「応用」とは知識を最適化することであり、「実践」とは「行為」を指す。例えば、マイクやカメラで自分を見つめ直すワーク。集まった人たちが対等に話しやすい空気を作るために、長方形のテーブルを丸テーブルに変える。ミーティングの際、列を作る並び方ではなく、丸い円を作るように座る。そういった実践を促してくれた。

彼らの肉声や存在をこの本で伝えられたことはこのうえない幸せだ。

自分を疑う力

すでに伝えたことだけれど、大事なことなのでもう一度言おう。

2014年から始まった改革は「選手の学び」を軸にして、物事をもう一度考え直した。その際、22人のチーム編成の中で22人のうち11人の超トップだけを強化することがわれわれが取り組むべき成長支援だろうか？　選手の成長支援とはあなたにとって何か？　22人全員に向けたものですよね？　そんなことを問い続けた。

私はサイコロジストに言動をチェックをされ「このリスト見てごらんよ。（フィールドプレーヤー）20人のうち13人にはこんなにも声をかけているのに、残りの選手にはまったくフィードバックしていないよ」と自分の現実を突きつけられた。それによって、私が選手たちに「全員が大事」とか「チーム一丸で」と言ってることが、自分のやっていることとは大きく乖離があると自分で気づかされた。

そんなふうにビジャレアルで指導改革に遭遇できたのは、本当に運が良かったとこころから思う。プエルタ・ボニータでの苦い経験を経て、私はずっと自分を疑ってきた。

プエルタ・ボニータの選手たちに対し「あなたたちにできることは他にないのか？」と私は無責任に言い放った。その都度、戦況を肌で感じて臨機応変に戦い方を変えられる選手、チームをつくるのが指導者の役目ではないか。おぼろげに頭にあったものの、具体的に自分の指導をどう磨けばいいのかわからない。「これまでだって自分なりにブラッシュアップを重ねてきたじゃないか」という強烈な自負と闘いつつ、葛藤した。

「私は指導者としてこれでいいのか？」
「私に何が欠けているのか？」

そのまま年齢を重ね、メニューの引き出しや選手を見る目は肥えたとしても、何かが足りないのでは？　ビジャレアルでの指導は楽しかったけれど、漠然とした不安を抱えていた。

そんなとき、突如として指導改革が始まった。

セルヒオに「4－3－3の話は卒業しよう」と言われ一瞬驚いたものの、私のなかでは困惑や不安よりもワクワクが勝った。

理由のひとつは、他のコーチよりも指導者人生を早くスタートさせていたからだと考える。それが同年代のコーチだったとしても、現役を長く過ごした人は恐らくまだ指導者人生を半周も走っていない。対する私は2周くらいしてきた状態だった。指導改革が始まった年に57歳だったパコ・ロペス監督が私と同じような温度感で入れたのも、3周も4周もしてきたベテランだったからだろう。

「今まで見たのとはまったく違う景色を見せてくれそうな人がいる！」

私のこころの中は、抵抗ではなく好奇心で満杯だった。毎週2時間の学びの時間が終わると「頭から湯気が立ってるね」と仲間と言い合うくらい、脳内が混乱した。

物事が理解できない。整理できない。そんな状態はストレスだ。それを私たちはおよそ3年かけて落ち着かせていったと思う。ちょうどセルヒオの在任期間くらいだ。途中で、ストレスフルだけど楽しいと思えるようになった。

新たな発見の連続だった。

選手にとって一番のストレスは、他者から強要されることだと理解した。選手が「何を感じているのか」「何を求めているのか」に意識を向け始めると、彼らが必要としているものが見えるようになった。そして、それらのニーズにアプローチすることで成長を支援できるようになった。

さらに、「ムイ・ビエン！（超いいね）」とほめ、「逆サイド見てなかったね」と起きたミスを指摘する自分の姿と向き合ったことで、いかに自分が無自覚的に指導してきたかということを痛感した。これに「指導とは？」「監督とは？」と定義する学びも加わり、見える景色は大きく変わった。

そんな経験がしばらく続いた果ての果てに、ある結論にたどり着いた。

「私（指導者）」と「勝利」に、直接的な因果関係は無いのだ、と。

自分がピッチ上やハーフタイムにできることには限界がある。自分がやるべきは、自ら考え予期せぬ状況に対応できるような選手を育てることだ——。改革のプロセスでそこに気づいた私は、「指導をエンジョイしよう」という言葉の意味が初めて理解できるようになった。

最初は他クラブの指導者から「サイコロジストって何するの？」といぶかしげに尋ねられたのに、今では多くのクラブが雇用するようになった。クエスチョンマークをつけられた人たちが今では重宝されている。２０２２W杯カタール大会でスペイン代表も帯同させた。指導者が自分で気づいたように、選手にも自ら気づいてもらうことが大事だ。自分たちの道のりをたどるように、選手たちにも施せばいいと気づいた。

私にマンマークでついてくれたラウラは２０２３－24シーズンは、U-16、17、18をサポートした。実はこのシーズンからサイコロジストの役割構成が変わった。それまではカテゴリーごとに、監督やコーチ、選手を含めたチーム全体を見ていたが、３カテゴリーの選手のみ、もしくはコーチングスタッフのみというような担当分けに変わった。

ラウラは選手の成長支援をする担当だ。これまで選手に対しては、ワン・オン・ワンで対話するアプローチを採用した。今回担当構成を変えたのを機に、個へのアプローチから小グループのワークへの移行を試すそうだ。全体的なメッセージやアプローチになるが、そのなかで必要に応じて個へのアプローチも図る。

それはいわゆるアスリートによくありがちな先発で起用してもらえない、出場機会が少なくてフラストレーションが溜まる。試合で重大なミスをしてしまい精神的に立ち直れない、といったことも含まれる。

そういった共通のテーマを探しては、担当した三つのカテゴリーのチームに対してアプローチをしている。ほかにも、コーチングスタッフから「この選手の様子がおかしい」とか「この選手のこういうところをどうにかできないか」という相談を受けたら、ワン・オン・ワンで対応するそうだ。

しかしながら、私が本書を紡いでいた2024年2月1日、ラウラは退任した。今後は教育者の道を歩むそうだ。それでも、彼女とともに仕事をし力をつけた他のスタッフが後を引き受ける。サイコロジスト以外にも、選手の生活面は生活班の担当者がいる。学業においては学習班がついている。

県外や他の国からやってきた子どもたちはホームシックもある。こころのバランスが崩れやすい思春期にあたるカテゴリーが大半だ。共同生活におけるトラブルもある。そこにあるのは決して美しい、感動的なサクセスストーリーばかりではない。そんなことも付け加えておきたい。

疑う力が生み出した「教えないスキル」

スタンフォード大学医学部精神行動医学診療准名誉教授のデビッド・D・バーンズは精神科医。『いやな気分よ、さようなら』がベストセラーになった認知行動療法開発のパイオニアでもある。そのバーンズは、認知の歪みについて「誇張的で非合理的な思考パターンから生まれる」と説明している。

以下が、歪んだ思考の代表例だ。

①全か無かの思考
②行き過ぎた一般化

③心のフィルター
④マイナス思考
⑤論理の飛躍
⑥拡大解釈、過小解釈
⑦感情の理由づけ
⑧「○○すべき」思考
⑨レッテル貼り
⑩誤った自己責任化（個人化）

全部で10パターン。ゼロか百かで決めつけてしまう思考や、「普通こうだよね」と一般化してしまう。どれも誰しもが陥りやすいと感じる。こうした認知のメカニズムや思考癖を学び、自分を客観的に正しく知ることは、競技の知識を深めるのと同じくらい指導者にとって大切な作業だろう。

指導改革の渦中にあった私たちは、指導中に苛立ちが見られると「そこにあるあなたの本心は何？」とサイコロジストたちに問われた。そこを考え詰めると、指導者の苛立ちの正体に気づいた。

「オレの言う通りにしないおまえが気にくわない、ではないか？」

このように、当時私が学んだことをこの章の最後に並べてみたい。

「どんな選手を育てたいの？」「勝利って何？　どんな意味を持つ？　そんな問いを立て続ける」

私たちもそんなことを何度も議論して深めていった。私自身がたどり着いた場所が「教えないスキル」だった。指導者が教え込むのではなく、選手が自ら気づき、考え、内省して成長していく。

「指導を振り返り、自分を理解する。自己を俯瞰し、自覚的になる」

これこそがエクセレントコーチへの道だ。選手の判断や決定をただただ評価し続けるだけの指導を卒業しよう。

「スポーツは誰のものだ？」

「選手は指導者を満足させるためにプレーしているのか？」

「他者を平伏させることで、ある種の恍惚感に浸っている自分がそこにいないか?」

自問自答することで、そこにある自分の本音や本心に自覚的になること。そこから自らの行動変容が生まれることへの気付きを得られる。

「言葉は思考をつくるから、使う言葉はきれいなほうがいい」

こんな助言も受けた。日本語でいうところの「てめぇ」「こいつ」「おまえ」といった言葉だ。これらを別の丁寧な言葉に置き換えてコミュニケーションをすると、選手との関係性も変わってくる。

「感情をひとつひとつ丁寧に言葉にする練習をしながら、解像度を高める」

「使えない」「だからおまえはダメなんだ」「そんなプレーは小学生でもできる」こうした表現の奥にある自分の感情をもっと解像度高く言語化できれば、きっと違ったコミュニケーションが生まれる。冒頭の「オレの言う通りにしないおまえが気にくわない」が本音であることが非常に多いことに気づかされる。

「フットボールをヒューマナイズする」(フットボールの現場に血を通わせる)

「指導環境を人間的で体温を感じられるものにする」

このような意識は、フットボールのみならずスポーツ界全体で高まっている。この概念は、スポーツを「人を中心にとらえましょう」というもの。スポーツにおいて「主体」であるアスリートを起点にあらゆる発想をし、パフォーマンスの最大化を試みようというものだ。これまで百年以上にわたるフットボールの歴史を振り返り、極めて非人間的だったこれまでの指導現場に対する反省から生まれた概念でもある。

「選手は何を感じているのか？」
「何を思い、何を考えているのか？」
「何が見え、何が聞こえているのか？」
「選手自身はどうしたいのか？」

こうした観点を軽視せず、指導者はそこから選手と合意形成を経て、チームとして競技に臨む。そのようなコーチング概念が重要になる。

「どんな指導法を選ぶかはその人次第だが、そこにある選手との関係性の豊かさは、指導者がそれまでの人生で何を学び、考え、行動してきたかを示す『通知表』であることを忘れてはならない」

指導者は、アスリートのパフォーマンスを最大に引き出すコーチング方法として、いくつかの選択肢から選び抜く力を育まなくてはならない。


「流すＢＧＭに気をつけよ」

私たちビジャレアルの指導改革で３年かけてリフレクションを重ね、多様な視点から、広く、深く、考察、洞察を通じてたどり着いた合言葉。ここでいう「ＢＧＭ」とは、指導者はアスリートの環境を構成するファクターであるとの前提から、導き出されたもの。アスリートの日常や、無意識的にそこにある文脈を形成するものを指す。

それは例えば、

〈耐え忍べ！　歯を食いしばれ！　相手が１００周走り込んでいるなら、俺たちは１０１周走るぞ！　命をかけて戦え！　厳しさこそがおまえたちを強くするんだ！　おまえのことを思ってのことだぞ！〉

というような、不合理な罰則、理不尽な叱責、ダメ出し、否定、批判、そして攻撃。これらもひとつの文脈のかたちである。

〈君はそのままで充分尊い。誰のためにスポーツをやっているんだい？　君は充実しているか？　君の可能性は無限大だ！　ひとつ、またひとつ、そうやって自らの可能性を更新していこう。倒れても立ち上がる、そんな君の姿に勇気をもらっているよ。試してごらん。模索してごらん。探求こそが気づきを生むのだから。いっぱいミスすればいい！〉

　これもまた文脈。ＢＧＭ。

「指導者・大人が流すＢＧＭ次第で、そのアスリートが身を置く環境が定まる」

だからこそ、指導者は自分自身が言うこと、言わないこと、やること、やらないことに自覚的であろう。

「神経質なほどに言葉に意識的になろう」

「指導者の存在意義を考え改めよう。役割を振り返ろう」

「選手のこころに耳を澄まそう」

一人ひとりのこころと正対し、それぞれの対人関係を見直そう。

「○○かもしれないし、そうではないかもしれないという、クリティカルな思考（疑う力）を身につけよう」

一般的にクリティカルな思考とは、物事や事象を否定的、批判的な観点でみることを意味することが多い。しかし私たちは、「クリティカルな思考」とは、私たちの確信に余白をもたせる、そのような思考癖を習慣化することであると学んだ。そんな道のりが、私たちにとって新たな思考の探究になった。

「アスリートの成功における指導者の影響領域を過信せず、自分の指導方法と勝ち負けの因果関係を都合よく解釈せず、成功に導く方程式などこの世に無いという事実をそろそろ受け入れよう」

こうした新たな気付きを得て、私たちは地平線の先にある世界「新たな自分」と出会うことができた。まさしくトランスフォーメーションである。

いかがだろうか。思いつくままに、実践を経て体験した学びの数々を挙げてみた。この経験を経て、少なくとも指導者としての私自身、そしてこの目に見えるスポーツ環境そのものが豊か（リケッサ＝Riqueza）になった。そんな実感を得ている。

5

改革の果実

U－12監督の手腕はミリオン級

スペインにも小学生の全国大会がある。ただし、こちらはクラブ単位ではなく、自治州フットボール協会によって選抜された選手たちを集めた「自治州代表チーム」である。日本的にいうと国体（国民体育大会）に近いかもしれない。

主管はスペインフットボール協会。17の自治州代表がスペインのナンバー1を競う。2023－24シーズンは、下記の6カテゴリーで自治州代表が構成されている。

男子＝U－16・U－14・U－12
女子＝U－17・U－15・U－12

自治州の協会が選考する代表選手は、どうしてもプロクラブのアカデミー選手で構成されることが多い。例えばバレンシア自治州代表だと、男女ともビジャレアルとバレンシアが主軸で、マドリード自治州ではレアル・マドリードとアトレティコ・マドリード。カタルーニャ自治州なら、バルセロナとエスパニョール。バスク地方はアスレティック・ビルバオとレアル・ソシエダ。アンダルシアだとセビージャとベティスが挙げられる。

全国大会における、セーフガーディングやガバナンス、コンプライアンス、インテグリティといった子どもの人権にかかわる環境整備が年々進んでいる。バレンシア自治州フットボール協会から届くメールには「ジェンダー平等推進計画ガイドライン」が41ページ、「スポーツ現場における性暴力に対する対応ガイドライン」にいたっては64ページにもわたる注意喚起文書が添付されていた。いかにスペイン社会が、スポーツ現場に厳しい（子どもにとってはやさしい）眼差しで見守るようになったかがわかる。

2023年6月16、17、18日に行われたラ・リーガ主催のU-12の大会は、ビジャレアルがホスト（共催）だった。そのシーズンにラ・リーガ1部に所属していたクラブのアカデミーチームが集う。15年度（第22回）大会から、ビジャレアルが会場施設を提供。ビジャレアル会長がオーナーであるセラミック会社PAMESAが大会の冠スポンサーだ。テレビの全国放送があるうえ、イニエスタ、フェルナンド・トーレスなどこの大会に出場した選手がスペインA代表を背負うケースが多いため注目される。とはいえ、あくまでプライベートな大会に過ぎず、公式戦でもなくタイトルもつかない。

私はこの大会を是非ご覧頂きたいと、ファジアーノ岡山の育成部長西原誉志さんを招待し、連日視察のお供をさせていただいた。

さて、大会は前後半のハーフタイムが3分に設定されている。その短い時間のなかで、監督たちは戦術やポジショニングなどあらゆることを修正しなくてはならない。つまりチームに最適な影響を与えて後半を迎える役割が課せられている。

しかし、何と言っても相手は12歳の子どもである。感情的にブレがあったり、落ち着かせること自体難しい子たちも中にはいる。頬を真っ赤にして流れる汗を肩でぬぐう彼らを横目で見ながら、ファジアーノ岡山の西原さんに「あそこ、見てください」と私は指さした。前半を終え、コーチングスタッフが引き上げてくるところだった。

U-12監督のイヴァン・モレスは、最初にコーチングスタッフの4名を集めた。4名とイヴァンの5人は小さく輪になって何やらガーッと話をした。その間わずか1分。それからベンチで水を飲むなどしている子どもたちのところへ寄っていく。そして身振り手振りで彼らに話を始めた。イヴァンの話に耳を澄ませつつ、時折子どものほうから意見する様子も見られた。

「私が察するに、イヴァンはまずはコーチングスタッフに『さあ、みんなが見えたこと、感じたことをそれぞれ出し合おう』と4人の声を拾った。その中から取捨選択をして何を伝えるかはイヴァンの判断だと思います」

西原さんは「そうですね。まず他のコーチから声を拾うという作業をしているようですね。素晴らしいですね」とうなずいた。

人は結果、どのような決定がなされたかではなく、その決定プロセスに自分も参加したか、させてもらえたかどうかで不満を抱いたり納得したりする。それこそがヒューマンライツ(人権)であり、民主的なオーガナイズと言える。欧州で意識高くとらえられている「市民社会の形成」は、まさに決定プロセスに参画するかどうかが重要視される。それは基本「声と票」(Voz y voto)である。

そう考えると、他のコーチ4人は監督の決定プロセスに参画している。彼らは「われわれは自分の意見を言った。決定プロセスに参加した。監督が最終的にわれわれの意見でないものを選択したとして、もしその決定に同意できなかったとしても納得はできる」と考えているはずだ。

リードしていようがビハインドだろうが、とにかく興奮の渦中にいる子どもたちと、出来得る限り精度の高い最適なコミュニケーションを心掛ける。その共通認識が、彼らの3分間から浮かび上がった。

私の「察するに」は、後で聞いたら予想通りだった。大会終了後、西原さんとイヴァン、私の3人はカフェでゆっくりと試合を振り返ったり、さまざまなフットボールの話をした。

「コーチの声を拾ったら、子どもたちに伝えることを整理して優先順位をつける」

イヴァンの話に、私は「なるほどね。せいぜい三つくらいかな?」と言うと、イヴァンは「そう。三つにしてる。だって（ハーフタイムは）3分しかないんだから」と指を三本立てて笑った。

「それ（コーチ4人から話を聞くこと）ってつまりは傾聴だよね」

「傾聴力って何だろう？」

「メンバー構成員の全員が、その決定プロセスに参加している状態。それは監督がチームマネジメントとしてやらなければいけないこと。僕はそれを丁寧に扱っている」

3人の話は弾んだ。

それからイヴァンは「子どもたちと2分でコミュニケーションするときに自分が気をつけているのは、三つのメッセージをより具体的なものにすること」と話した。なぜならば、試合中は全国放送のテレビカメラが入って真横につく。子どもたちが平静でない状態で長々話をしても頭に入らないからだ。

では、他クラブの監督たちはどうだったか。気分が高揚してしまい、身振り手振りで懸命にアドバイスを繰り返す。ある種「パフォーマー」になってしまっていた方もいた。話しがあちこちに散乱して収集がつかなくなっている様子が、そのまま全国生中継されてしまうケースもあった。「そういうシーンが想像以上に多かったね」

「きっと普段やってないことをしているんだろうね」

「いずれにしても、監督のメッセージは届いていないだろうね」

ため息をつく日本人二人に、イヴァンは日常のトレーニングの話をしてくれた。

「僕たちは大会でもリーグ戦でも、日々のトレーニングとまったく同じことをしているだけなんだよね。ひとつの練習メニューを終えて、次のメニューを始めるとき、リフレクションタイムを3分設けている。練習に参加している他のコーチたちと意見を出し合ってから、子どもたちとコミュニケーションをとるんだ」

つまり、試合と同じ形で進めているという。イヴァンから「特別な大会だからこそ、特別なことをしない。普段通りのことを、普段の延長線上で行うことこそが大事だと考えている」と説明された。私は首を縦にぶんぶん振って語り掛けた。

「イヴァン、素晴らしいよ。あなたはミリオン・コーチに値するよ」

彼は「特別なことはしていないよ」と言って白い歯を見せた。


コーチの価値を最も知るのは誰だろうか。

アシスタントコーチや監督を探しているクラブや関係者から、相談を受けることがある。その人物を見極めるために一体何をするか。教えを受けた選手に尋ねる人もいるが、私は、ともに指導したコーチングスタッフの意見をつぶさに聴いて回る。最も近い、しかも同業者であるコーチたちは互いをよく知っている。

私はジョークやご機嫌取りで言ったわけじゃない。U-12のイヴァンはプロフェッショナルなミリオン監督だと感じる。

42歳のイヴァンは、コーチ業はパートタイムで本業は市内の小学校の校長だ。ビジャレアルで14年間コーチを務めてくれたが、西原さんと視察したこの大会をもって退団。新たなチャレンジへと船出した。とはいえ、このような人材が育っていることは2014年の改革の成果であり、私たちのクラブの強みと言えるだろう。

キャリアアップした指導者たち

では、2014年から始まった指導改革にどっぷりつかった人たちはどうか。

例えば（本書3章で）セルヒオが名前を挙げていた14年のU-23監督だったパコ・ロペスは、2023年シーズンにグラナダをラ・リーガ2部で優勝させてラ・リーガ1部に昇格させた。同じ年、U-21のコーチングスタッフはレバンテをプレーオフまで導き、残念ながらPK戦で敗れ昇格は逃したものの爪痕を残した。その当時U-19監督だった指導者も20年にまだメッシがいた頃のバルセロナのトップチームでヘッドコーチを務めた後、現在はアンドラを監督として率いている。

この年のスペイン2部リーグの3クラブの監督が全員ビジャレアル出身。改革の創成期メンバーだ。指導者として大きく成長し、キャリアアップしていった。ビジャレアルの育成カテゴリーから、2部ながらプロリーグのトップチームにキャリアアップしたわけだ。その点からみると、ビジャレアルの指導改革は大きな影響力を持っていたと言える。彼ら自身が変容し、チームの作り方や選手へのアプローチが大きく変わった。そのことでおそらくチームも強化されたのだ。

さらに挙げるとしたら、マジョルカ。2020年、スポーツダイレクター、アカデミーダイレクター、チーフスカウト、メソッドコーチをヘッドハンティングされた。全員プロジェクトのリーダーばかりだ。セルヒオとエドゥが所属するアスレティック・ビルバオにも、スタッフ含め合計5人ほど移籍している。またレアル・マドリードの育成部スカウティングもビジャレアルから数名が移籍している。

ビジャレアルから指導者がさまざまな場所へ散らばっている。さながら、スペインフットボール界における人材バンクのようだ。

前著『教えないスキル』を読んでくださった多くの方から、よくいただく質問だ。

「少なからず入れ替わりもありますよね？　マニュアルとかテキストがなくて大丈夫なんですか？」

と、このようにご心配いただく。が、スペインのみならず欧州において指導者の人材流動は活発だ。実は「少なからず」どころか、14年に120人いた中で今現在残っているコーチは決して多くない。そして私の肌感では、毎年三分の一は入れ替わると言っても過言ではない。セルヒオの後に来たメソッドダイレクターは、それまでのベースを保ちつつ、自分なりの考えで指導者の変容を促しているようだ。現場に立つコーチらは、あの日私たちがやっていたように手探りしながら前に進んでいる。あの指導改革は大切な概念として、薄れたり変容したりはしながらも軸は変わらないのだ。

さらに言えば、その概念がノーマライズ（標準化）されていることを、外へと羽ばたいた彼らの活躍から実感する。行った先のクラブの指導者や選手たちに、良い影響を及ぼしているからこその結果だろう。私が前著で「教えないスキル」として伝えたものをメソッドと呼んで良いのかはわからない。しかしながら、その概念を受け継いだ彼らが、確実にフットボールを育てている。

改革の起点を作ったメソッドダイレクターのセルヒオは、3章で伝えたように「どの監督さんとの経験においても僕に有益なインフルエンスはなかった」と言った。だからこそ、有益なインフルエンサーとなれる指導者を育てたいと考え、ビジャレアルをある意味実験台にして改革に取り組んだ。

彼は私に言った。

「ユリコ、僕はスペインだけでなく、欧州、世界のコーチングの概念を変えたいんだ。フットボールだけでなく全スポーツの指導が転換（トランスフォーム）されたら、アスリートはもっと幸せになれる。スポーツが豊かになる」

「本当だね。豊かになるね」と私は答えた。こんな壮大なチャレンジを描く人と巡り合えた幸運を、こころから噛みしめた。

フットボールが豊かになる。クラブが豊かになる。彼の影響なのかはわからないが、私たちのクラブでは「豊か（Riqueza リケッサ）」という言葉をよく使う。一見抽象的だけれど、例えば「豊かなコーチング」をと言えば、それは人にとって大きな矢印になる。

言葉や脳の中に刻まれるものは、人を通じて継承される。よって私たちの概念はフットボールのＤＮＡとなり、文化として、継承されていく。

ビジャレアルは、選手も、指導者も、育てる。「さすが売りクラブ」と私はひとり悦に浸っている。

チームを救ったアカデミー出身者たち

2014年に指導改革をスタートさせたとき、私はセルヒオたちとこう話したのを覚えている。

「改革の成果が見えてくるまでに10年はかかるかな。例えば、いまU-13の子どもたちがU-23になってみないと成果は測れないだろうね」

あれからおよそ10年。私たちは改革の成果として選手の進化しか頭になかった。ところが、前述したように、指導者たちのキャリアアップという嬉しい誤算が10年経たずに示された。一方、選手については3つの発見があった。ひとつめは2022年シーズンのことだ。

2020年夏、ウナイ・エメリを監督に迎えたトップチームはクラブ史上初タイトルとなる欧州リーグ制覇を遂げた。翌21年はCL（欧州チャンピオンズリーグ）でベスト4進出。2年連続でクラブ史に残る成績を残した。

さらなる発展に歩み出そうとした22年秋、エメリ監督が英プレミアリーグのアストン・

ビラに突然の移籍。このため、チームは新監督のもとシーズン途中に異なるスタイルのフットボールに対応することを余儀なくされた。この世界では、監督は去ってもその人が選んだ選手はチームに残る。ビジャレアルも、エメリ監督が希望し獲得した選手がいた。しかしながら、シーズン途中の予期せぬ突然の監督交代にスムーズに適応し、高いパフォーマンスを見せた選手の多くがアカデミー出身であった。

抜群の対応力を見せたのが、いわゆるホームグロウンの若手たちだった。新監督になって以来、平均して先発11人中5、6人は毎試合ホームグロウンが占めた。当時に小中高生だった彼らは、まさしく指導転換時代にどっぷり浸かった変革の申し子たち。自ら考える力、主体性や適応力が備わっていた。そんな彼らの活躍もあって、最終的に22－23年シーズンをリーグ5位で終えた。

このことは偶然かもしれない。しかし、改革の成果はもしかしたらこういうところでも表れているのではないか――。単なる自己満足かもしれないが、確実に選手の成長も促せていることを実感したシーズンだった。

二つめ。遡って、2019－20シーズンはトップチームのエントリー25人中11人が下部組織出身になった。さらにU－15からA代表に至るまで全カテゴリーにスペイン代表が輩出された。

三つめは2023年オフに、アカデミー出身選手3人を100ミリオン・ユーロ弱（約160億円）で放出したことだ。スペイン代表のDFパウ・トーレスはアストン・ビラへ完全移籍。5歳からアカデミーで育った生え抜きは、21年間まとい続けたレモンイエローのユニホームを脱いだ。ユースに18歳から所属したセネガル代表のFWニコラス・ジャクソンはチェルシーへ。同じく18歳から在籍したナイジェリア人のMFサムエル・チュクウェゼはACミランへ移籍した。

売りクラブとしては大きな成果と言える。アカデミー生の彼らに投資したお金はあるにせよ、20億払って獲得した選手を30億で売ったという話ではない。わずか3人のアカデミー生を、他国のビッグクラブにオペレーションすることで100ミリオン・ユーロ弱の収益を上げた。

このことは、偶然の産物ではないと私は受け止めている。

選手の移籍オペレーションは、CEOを筆頭に非常に優秀な人材を揃える強化部のお手柄である。こうしたオペレーションが発生したときに、他クラブから求められるようなプレーヤーに育てておくことが育成現場に求められる。より高い価値を持つプレーヤーになれるよう、選手のパフォーマンスの最大化に力を注ぐのだ。

「そんな人材が育ったか育っていないか。それはどのように測るのですか？」と育成の成功についてよく尋ねられるが、私たちの結論は「自己満足でいいじゃない」である。人の成長は、数値化できないし、他者に成果を証明する必要性もないと考えている。

10年も経てば、指導者と同じく育成する選手も入れ替わる。U-18まではそんなに大きな入れ替わりはないが、U-19、U-21、U-23のというトップを目前にした3カテゴリーは厳しいフィルターにかけられる。海外も含め他クラブからスカウトされた選手が参入してくる。先に挙げたジャクソンやチュクウェゼがこの年代をビジャレアルで過ごしたように、トップ選手になれるかどうかの競争が一気に高まる。

ビジャレアルでは、16歳の誕生日を迎える日に全選手がプロ契約に切り替わる。激しい競争の中で最も顔ぶれが替わるのはU-19からU-21だ。ここを乗り切るとU-23。スペイン2部リーグの舞台に立てる。サッカー男子2部（ラ・リーガ2部）は、スペインにおける4つのプロスポーツリーグのうちのひとつである。サッカー男子1部（ラ・リーガ1部）、サッカー女子1部、バスケットボール男子1部と肩を並べる存在なのだ。

しかし、そこまでいける選手はわずかだ。具体的に示すと、プロ契約できるのはビジャレアルのアカデミー生で5～6％しかいない。アカデミー生として小学生のころから寮に入り思春期を過ごした子どもが残る割合はぐんと下がる。21年もの間クラブに君臨し続けたパウ・トーレスが、いかに偉大で稀な存在であるかがわかる。

「8年後、10年後の彼らの姿に責任を持とう」

そんな言葉をスローガンにして、私たちは改革に取り組んだ。

「どのクラブへ行こうと、どんなスタイルのフットボールでも対応し、選手として長く活躍できるような選手を育てよう」

選手として大成するしないにかかわらず、本人が幸せな人生を送る素地をつくることに主眼を置かなくてはならないと考えた。まさしく「フットボールとともに育つ」のだ。

それを目指した私たち改革メンバーは160億の移籍手続きを速やかに終えた日、言い合った。

「自分たちを少しだけ褒めてもいいいんじゃない？」

ビジャレアルの独自性

スペインのフットボール人は「新しいもの好き」だ。新しいフィットネス器具はすぐ欲しがるし、新しいメソッドがあると小耳にはさむと「どれどれ？ 実際どうなの？」と友人知人に片っ端から尋ね歩く。自分が知らないことをやり始めたことを知った瞬間、ものすごくさぐられる。常にお隣りのクラブや、急に強くなったり好調を維持する成功者をちらちらと横目で見ている。

私たちに対する最初のリアクションは、あるクラブの育成関係者だった。かいつまんで説明すると「うーん。訳がわからないな。それって役に立つの?」とくぐもった声で言われた。

「えっとさ、育成とかヒューマナイズとかさ、重要なの? 僕たちはプロフェッショナルスポーツの興行を目的にしているクラブであって、プロの選手を育てるのが役目だよね?」

言葉通りではないが、概ねこんな主旨の感想だった。ところが時間が経つにつれ、他クラブのしかるべき役職の人たちの発言が、私達のものと似ていることに気づかされた。ビジャレアル発「改革の輪」は、じわじわと広がっていたのだ。

とはいえ「百聞は一見にしかず」の諺があるように、聴くと見るでは違うところもある。私はJリーグ常勤理事を務めた2年で、180本以上のインタビュー取材及びオンラインセミナーへの登壇を引き受けさせていただいた。そのご縁もあって、横浜ベイスターズや読売ジャイアンツを始め多くのスポーツ関係者に日本から来ていただいた。視察された方々は「やはり実際に来てみて良かった」と皆さん口を揃える。

アテンドする私自身もそう感じる。施設を案内していると、その方々がその目で見ている一つひとつに「なぜ？」があることに気づく。

例えば小学生年代の選手とコーチが練習場の端にあるベンチで、二人肩を並べてｉｐａｄを見ながらずっと話し込んでいる。そこで「なぜ、そうしているのか」を一つひとつ私が解説する。

ひとつは「パーソナル目標設定」を個別に行い、ワン・オン・ワンでフォーカスを固定するなどといった実践が行われているため、こうした光景が見られるようになった。さらに言えば、指導環境の見直しをしてからというもの、例えば選手個々を主語にする「主語変換」や「個」にアプローチする意味、「個」の感情、思考、決定を拾い上げることを説明することも多くなった。

目の前で起きている事象はインパクトがある。ここに実際に来ていただく意味があるのだ。

もっといえば、フットボールクラブとしての経営にも一つひとつ「なぜ？」がある。例えばクラブのカフェテリアの壁画がなぜタイルでできているのか。それは、ビジャレアルのロッチ会長が、世界的タイルメーカーのパメサ・セラミカ会長であること。夫人が画家であること。そして、クラブハウスの食堂にあるタイルの壁画は、パメサ・セラミカが設けているニューロダイバーシティ（知的・精神障がい者）人材を雇用して制作を行うモザイク部の作品である。そこに、ニューロダイバーシティチームのコーチたちも、ともに指導改革のプロジェクトに参加したことなどの説明をつけ加える。

最も多い「なぜ？」は、ピッチ脇にポツンとある黄色い納屋だ。合計９面のピッチ、オフィス棟、12歳から18歳までの育成選手約１００名が生活する寮など、そうそうたる施設が並ぶ景観で、ひときわ異彩を放つ。１００年前のものかは定かではないが、かつてロッカールーム、シャワールーム、用具室など全てがこの一棟に収まりクラブハウスとして使われていた建物は、ロッチ会長が「われわれがどこから来たのか、勘違いしないように、初心を

クラブハウス内の食堂。タイル壁は、親会社であるパメサ・セラミカが擁する知的・精神障がい者が雇用されるモザイク部の作品。（2023年＝島沢優子撮影）

忘れないためにも取り壊さない」と主張。スタッフも賛同しそのまま保存している。

加えて2023年、ビジャレアルCF創立百周年記念事業の一環として、7308平方メートルの土地を59万ユーロで購入、ビジャレアル市に寄贈した。その土地に、私たちがファンクショナルダイバーシティ（もしくはニューロダイバーシティ）と呼ぶ知的・精神障がい者用のデイケアセンター、職業訓練センター、脳性麻痺特別センター、特別支援学校といった4つの新しいリソースを備えた複合施設を建設してもらうのだ。

市長からは、「ビジャレアルCFと

壁を鮮やかなイエローで塗られたビジャレアルの初代クラブハウス。初心を忘れないようにするために、あえて取り壊していない。（2023年＝島沢優子撮影）

フェルナンド・ロッチ会長の、ビジャレアル市に対する多大なる貢献と社会へのコミットメントに改めて感謝したい」とお礼のメッセージをいただいた。

経済力のあるフットボールクラブが土地を購入し市に寄贈することで、こうした包括的な協力体制が21世紀の市民社会の新たなあり方として実現できる。行政・自治体とスポーツ運営団体が、ともにより良い社会を形成していくための大きな一歩を踏み出すことができたといえよう。

このように社会課題を解決することも、クラブの使命と捉えている。

そういった話を私が伝えると、多くの方が「すごく哲学的ですね」「揺るがない経営哲学があるんですね」と唸る。

そしてここからの話は、あくまで個人的な意見であることを前提に聞いてほしい。

スペインでは、2021年時点で3万1166のフットボールクラブが協会登録している。ある程度リソースが揃っているプロクラブと言われるものだけを見ると、フットボールに哲学的なアプローチをするところと、スポーツ医科学や身体化学といった科学的なアプローチをするところの二手に分かれる。

例えば私の前任であるバレンシアは私が所属していた07年ごろ、どちらかと言えば科学からアプローチしていた。それは施設をのぞいてみればわかる。広大なジム施設を備え、多種多様なトレーニング器具が充実している。つまり、有限であるリソースをそこに配分している。科学的アプローチへの優先順位が高いということだ。

近年、この業界で世界的な傾向は「コンディショナル・フットボール」と言われ、英プレミア・リーグなどが総じてそう呼ばれている。女子サッカーも同様で、速い、強い、高いを特徴としない「なでしこ」が、近年国際舞台で苦戦している事実もある。

ただし、これらもきっと一時的なものだろうと私は見ている。サッカーにはトレンドがあり、流通した戦術は研究され、対策される。クラブを持続的に繁栄させるためフットボールをヒューマナイズする道を選んだ。選手も指導者も感情を持つ生きものであるという普遍の事実を踏まえ、人としてより豊かな成長を遂げることがクラブに半永続的な命を宿す。そんな哲学を推進力にしている。

スペインという国自体も、手探りで自国らしいフットボールを継続してやってきた。スペインが持つひとつの特徴は、選手が決して大柄ではないことだ。体格に勝る他の国々に対し卓越したスキルや戦術眼で勝負してきた。

もうひとつの「らしさ」は、文化的な彼らの好みだろう。スペイン人だけではないが、美意識がスポーツでも発揮される。ヨーロッパではアート、芸術、美術が豊かな発展を遂げてきたように、美そのものにたいへん執着がある。

スペインに住んで32年になるが、彼らは景観に関して非常にうるさい。ベランダに洗濯物を干すなとか、家の窓につける〝日除け〟は、マンションの棟ごとに同じ生地、同じ色のもので統一しなくてはならない。

そのうえ、目に見える汚いものを嫌がる。例えばわがクラブの経営陣たちは、練習場の鉄製の柵やフェンス、もしくはゴールなどが錆びているのを見つけると、すぐさまメンテナンス担当が呼び出される。フロントスタッフたちも目につくところに段ボールが山積みになっていたりすると、とても嫌がる。日本人が「別にいいじゃん」と思うようなところが、許されない。つまり「美しいかどうか」は、スペイン人にとってとても重要なのだ。

であれば、フットボールに関しても、それがアーティスティックか否かが重要になる。その美へのこだわりとフットボールの科学的アプローチとをいかにしてバランスをとるか、われわれは模索し続けるのだ。

他クラブへの影響やかかわりをここまで伝えたが、私たちの指導改革が広がることは非常に良いことだと私は受け止めている。改革の起点をつくったセルヒオが頭に描く「スペインだけでなく、欧州、世界の指導を変えてスポーツを豊かにする」夢に向かう大きな一歩だろう。

その視点で考えると、10年前にいた指導者がほとんどこのクラブに残らなかったのは歓迎すべきことだ。なぜならば、もし14年のメンバー120人をクラブが囲い込み押し留めてしまったら、前述したような人材の流動は生まれなかった。つまり、私たちの概念が循環することはなかったに違いない。そうなると、スペイン国内のフットボールの新たな概念の構築や進化のスピードは緩くなったかもしれない。

だとすれば、人材流動は物事のグローバル化にとても重要なファクターなのだと思い知る。ノウハウやナレッジ、アイデアや概念が変容し、新しい世界観を持った人たちがどんどん組織を渡り歩き、動いていく。それこそが、その国の産業を活性化し繁栄させると言われてはいる。

よく人的資本などと言われるが、まさにその好例がビジャレアルではないか。

そう考えると、指導改革の価値は、自クラブに人を残すことではない。

概念を継承し、広めていくことなのだ。

クラブのスローガン「Endavant!（常に前進！）」

オーナーが世界的タイルメーカーなうえ、セラミックタイル産業が盛んな土地柄でもあるのでタイルを比喩にして表現されることが多い。

「選手はね」と始まるときは、次に「人だよね」とくる。

「人はタイルじゃないからさ。タイルは壊れちゃった、欠けちゃったってなればボンドでくっつけとこうってなるけど、人（の体やこころ）は粉々になったら修復できないよね」

そんなふうにフットボールを見なければいけない。よって選手を大切に扱うことに力を注ぐ。例えば、環境。12歳から18歳のアカデミー生が暮らす選手寮は、部屋からトップチームの練習が行われるピッチを一望することができる。未成年の選手が生活する選手寮の食堂の一角に、トップチームスペースを割いている。トップとアカデミーが同じ空間で生活をすることが望ましいとされているからだ。

さらに、選手が自分でプレー動画を編集できる分析ルーム、学校の勉強に集中するための学習室もある。学業サポートをする学習支援班は、教員免許を持つ教師がフルタイムで雇用されている。日々の宿題、試験勉強、補習、受験準備といった学業支援を行う体制が整っている。日常のケア、通院、映画館に連れていくなどする生活班も、3交代制の24時間体制でスタッフが常勤している。

指導改革以降、寮に隣接する中学校・高校とクラブ、先生方とコーチとの連携が強化された。この部分は保護者にとってわが子を預けるうえで、大きな安心材料になっている。

上述したように、これにサイコロジストからのサポートが加わる。

環境を整え、選手を一人ひとり大事に育ててきた結果、トップで活躍したり、他クラブから求められる選手が増えてきた。

さらに言えば、私たちは23歳以下はアカデミー生という認識でこれを継続。ここのカテゴリーの選手を2部リーグに出場させている。なぜ23歳までをアカデミー生として考えるかといえば、そこにはまだ伸びしろがあると見ているからだ。

反対に、U-21以上を廃部にするビッグクラブも近年増えている。もはや育成ではないという考え方と、コスト削減になるからだ。要するに、ビッグクラブのアカデミー生で、21歳なのにトップチームに昇格できない場合、すでに伸びしろがないという理解がなされている。

本書冒頭でお伝えしたように、スペインのプロリーグはラ・リーガ1部（20チーム）、ラ・リーガ2部（22チーム）が形成する。これに続くスペインの全国リーグは、プリメーラ・フェデラシオン1部(40チーム)、2部(90チーム)、3部(324チーム)。リーグ自体はプロリーグではないが、選手の契約形態はプロとアマ契約が混在し、それぞれのカテゴリーで最低プロ契約選手数が定められている。

また、同リーグはいずれのカテゴリーも、スペイン国内におけるアフターユースの成長支援の意味合いが強いため、24歳以上の選手の登録を制限する規則がある。逆に言えば、20~23歳の選手にプレーする機会を提供する仕組みになっている。具体的には、選手登録の上限が22名のところ(1部は23名)6名の選手が23歳以下でなければならない。日本で言えば、大学サッカーの役目を担っているようなものだ。

私が「スペインでは24歳からが本当のキャリアだ」といつも選手たちに言うのは、上述した「23歳以下特別枠」の権利が失われる24歳以降も、彼らが相応のカテゴリーでどれだけ競技を続けられるかが問われているためだ。

ビジャレアルがU-21やU-23を廃部にしないのは、こうした競技会のルールにおいても23歳までは成長の可能性を秘めていると理解されているからだ。

このように育成に軸足を置いているのだが、クラブの成績を数字として見るとラ・リーガのリーグ戦順位は強化費やサラリーキャップ(年俸総額)とほぼ合致する。つまり、お金をかけたクラブが強いという、あまりロマンチックでない現実もある。

スペイン語で「王の町」という意味を持つビジャレアルのホームスタジアム。1923年に創設されたもので、24,890人収容。（2023年＝島沢優子撮影）

例えばビジャレアルは2021－22シーズンは7位。サラリーキャップもリーグ20チーム中7位だった。他の年もそう上下しない。サプライズとか奇跡はほぼほぼ起きないのだ。目を凝らせば、選手の質や格はやはり異なる。チーム力、資金力や街の規模も圧倒的にメガクラブとは比較にならない。

人口5万人。自転車で一周できるほど小さな街に根を張る私たちは、立ち止まった瞬間に消え去ってしまうくらい脆《もろ》い。そんな危機感のもと、肩を寄せ合い、頭を絞って対話し合意形成していく。だからこそ常に前に進まなくてはいけない。歩みを止められないのだ。

クラブのスローガンは「エンダバン」「常に前進を」の意味を持つ。

6

Jリーグへの愛と「コウモリの眼」

三つめのブラインドサイド

最後の最後まで健全だなと思った。

２０２２年3月15日のＪリーグ社員総会。Ｊリーグを退任する村井満チェアマンと、副理事長の原博実さん、専務理事の木村正明さんら、そして常勤理事である私も最後のあいさつを行った。総会が終わって私が食べ終わった弁当の蓋をパタンと置いたところで、原さんから「佐伯さん、帰ろう」と声をかけられた。

そそくさとＪＦＡハウスを後にした。御茶ノ水駅まで歩いて一緒に帰った。原さんの歩くスピードは速い。いつも原さんについていくのが大変だったが、この日で終わるのかと思うと寂しさが込み上げた。

本郷通りに蔵前橋通りなどが交わる五差路を前に、東京医科歯科大学を左手に見ながら原さんはつぶやいた。

「僕たちが消えてあげなきゃダメだ。早くあそこから去ってあげた方がいいんだよ」

職員をこころから気遣っていた。なぜならば、新体制がもうお隣の会議室にも控えてずっとあの日は朝から新旧が同じ空間にいた。妙な空気感である。職員からすればすごくやりにくいだろう。そこをくんだのだ。胸がジンとした。

私は18年から特任理事として2年、常勤理事として2年をＪリーグとかかわった。計4年間の月日はコロナ禍に見舞われ、思い描いたような成果は残せなかった。とはいえ、母国である日本でフットボールにかかわった日々はとても楽しく、充実したものだった。

「自分が学べて成長できるところ。自分が幸せで満たされるところに再び身を置こう」

ＪＲ御茶ノ水駅の改札をくぐりながら、爽快な気分だった。


そもそも私はＪリーグになぜ呼ばれたのか。それは、チェアマンである村井さんのチーム戦略だった。ご自身からは見えない「ブラインドサイド」を理解するひとりが、２０１６年に招へいされた原さん。Ｊリーグクラブで監督や育成コーチ、日本サッカー協会技術委員長まで務め、原さんは日本のフットボールを知り抜いていた。

その2年後、木村さんが迎えられた。親会社を持たないＪクラブのひとつであるファジアーノ岡山をゼロから作り上げた方だ。地域リーグからＪリーグまで上げ、Ｊ２で平均入場者数1万人を記録するような人気クラブのオペレーションや秘訣を知っている方だ。

木村さんと同じ18年、私は特任理事を拝命した。議決権はないが、毎回理事会に参加しオブザーバーのような形で助言をした。私と顔見知りだった原さんの推薦があったものの、村井さんはそれ以前に視察や研修に欧州に訪れた人たちから私の名前を時折聞き「意識し始めたところだった」と聞く。

そして2期務めた後の20年2月19日。年が明け世界中がパンデミックに陥る少し前のことだ。村井さんが「月1回の理事会で佐伯さんの発言を聞いていたり、問題意識に触れるうちに、もうこれはとにかく頭下げてでも呼んで（常勤）理事になってもらおうと思った」とおっしゃったそうだ。そこで原さんがお忍びでビジャレアルを来訪された。

「Jリーグは世界のフットボールにまだまだ学ばなきゃいけない部分がある。欧州で長年フットボールの現場を見てきた佐伯さんの力を借りたい。佐伯さんを2年間お貸しいただけないか」

そう言って頭を下げた原さんに、ビジャレアルのCEOフェルナンドは笑顔で快諾した。ラ・リーガのクラブのフロントスタッフが、他国のプロリーグで常勤理事を務めるなど異例だったと思う。しかも、勤めを終えたら再び雇用してくれると約束してくれた。スペインに労働者の権利としてある「留職制度」が適応された。

幹部も仲間たちも「素晴らしいチャレンジじゃないか！　おめでとう！　でも、2年後ちゃんと帰ってくるんだろうな？」と笑顔で送り出してくれた。

スペインから送り込まれた私は、「チーム村井」三つめのブラインドサイド。いわゆる「世界のフットボール」を埋めるピースだった。村井さん曰く「僕らが世界のフットボールを知っているかっていうと、実は原さんだって木村さんだって僕だってわからない。世界の育成システムがどうなっているのか、世界のプロリーグの構造や選手契約、指導現場やフロントスタッフがどんな考え方で、責任者がどのような形式でやっているのか。さまざまなことを当事者として知っている佐伯さんの力が必要だった」

2月25日に常勤理事就任内定が発表され、3月12日の臨時理事会・社員総会にて承認された。常勤なので当然日本に居を移す。家探しはJリーグの経営企画部の職員や、私の友人たちがやってくれていた。ところが、承認翌日の13日にスペインのサンチェス首相が非常事態宣言を発表。3月14日には外出禁止令が発令された。世界中が大混乱に陥った。

時を同じくして日本も本格的なコロナ禍に突入。足止めを食らった私はこれ以降、パソコンの前に出勤する毎日を送ることになった。

日本の午前9時。時差が7時間になるサマータイムを除くと、スペイン時間の午前1時に〝出勤〟した。会議が消化されないため午前0時スタートもあった。一日12時間におよぶオンライン会議が連日続いた。その内容は、コロナ禍を乗り切るためのガイドライン作成、専門家会議、陽性者対応、ＰＣＲ検査、無観客開催、声出し応援の検討、外国人選手やスタッフの日本入国後の隔離対応、そして、リーグ再開の検討とまさに緊急事案の連続だった。

オンライン会議で意見交換するのは、意外と難しい。全員同じ状況ではあるが、発言のタイミングを計りかねた。ジレンマは常に付きまとった。

村井さんは「普通の人だったら腰が砕けて、はい、わかりました、結構ですとなりそうなのに、決して砕けることなく意見してくれた」とおっしゃっていただいた。

「手元に用意した原稿をそこで述べるのは、あらかじめ用意された言葉だよね。けれど、佐伯さんは違ったよね。タイミング的にずれているのだけど、何としても言い切ろうとしているんだなっていうのはこっちに伝わった。佐伯さんは極めてライブ感が高い。筋書きのないドラマに対応してくる。どんな球を投げても打ち返してきた。問題意識も知見も多分野に及んでオールラウンドだった。強化のプロフェッショナルだとばかり思い込んでいた自分は了見が狭かったかなと反省したよ」

通知表はもらってはいないけれど、担任に評価を書いてもらったような。チェアマンのうれしい言葉だった。

元旦決勝移行と「コウモリの眼」

正月の風物詩として、サッカーの天皇杯決勝はほぼ毎年元旦に開催されてきた。それが２０２１年から23年まで３大会連続でいずれも12月に変更されている。

20年に常勤理事になって以来、私はＪリーグの会議の中でフットボール強化における休息の重要性を訴えてきた。日本人に限らずこれまでのサッカー界では強くなりたいあまりに、過度に練習してしまう傾向があった。選手も監督やコーチ陣も「勝つためにあれもこれも」と頑張り過ぎて、オーバートレーニング症候群を発症する危険性もある。真面目さと勤勉さが育まれる日本の教育では、ときに休息が強化につながるという概念が生まれにくかったのだと思う。

さらに近年の過密日程を受け、選手のコンディションは限界だ。例年、多くのＪリーグクラブは１月下旬から新シーズンに向け、キャンプを開始する。ところが20年、鹿島アントラーズは天皇杯決勝を戦った後、わずか６日間のオフで再始動することを余儀なくされた。ＡＣＬ（ＡＦＣ・チャンピオンズリーグ）プレーオフに出場することが決まっていたからだ。

選手のコンディション管理の点から、天皇杯の日程を見直すべきとの声があがるようになった。

Ｊリーグは12月上旬に最終節が終了する。しかし、天皇杯の決勝に進んだ場合は当該チームのみ1か月後の元旦まで休まず練習に取り組まなくてはならない。新シーズンは2月開始のため、ＡＣＬがなかったとしても1月の下旬からキャンプが始まるため、元旦決勝に出たチームは2週間ほどしかオーバーホールの時間がなかった。

「元旦にサッカーをやるっていうのは日本の風物詩」という当たり前が日本サッカー界には存在するようだった。放映権の問題やこれまでのマーケティングも無視できなかった。普段はサッカー観戦をしない人々の目に届く元旦決勝を失うリスクもあった。

その一方で、選手会から「ぜひ天皇杯をもっと前倒ししてほしい」といった旨の嘆願書がＪＦＡ（公益財団法人日本サッカー協会）に提出された。天皇杯の主管はＪリーグではなくＪＦＡなのだが、重要なステークホルダーの大半を握っているのはＪリーグの各クラブだった。

そこで、村井さんから「佐伯さん、次の実行委員会（全クラブの社長が集まる会議）で、佐伯さんがいつも話してくれる休息に関わる科学的な知見や欧州の考え方などをみんなにも共有してくれないかな?」と持ち掛けられた。

私は「ピリオダイゼーション」の概念からプレゼンした。ピリオダイゼーションとは、選手が試合に向けて、コンディションやパフォーマンスを最も良い状態に合わせるために、年間のトレーニングをいくつかの期間に分け、その種類や量、強度を効率よく組み合わせて実行することを指す。アスリートの中では「期分け」と呼ばれるものだ。専門性の高い話だったので、実行委員の方々に理解してもらえるようわかりやすくプレゼンするのに苦労した。

最初は「天皇杯の決勝は元旦に決まっている」という思いを多くの方が持たれていたと思う。しかしながら、画面の向こうに映る姿が少しずつ前のめりになっていく様子が手にとるようにわかった。

そうやって丁寧に議論したわれわれJリーグと選手会が中心となって、天皇杯の日程前倒しをJFAに持ちかけた。JFAにとっても大きな決断だっただろう。私にとっても、任期中にやり遂げたひとつの産物になった。

理事会のような大事な会議でも、村井さんは必ず「佐伯さんは何案がいいと思いますか?」と尋ねてくれた。私が「言ってもいいんですか?」と言うと「お願いします」とうなずくのだ。例えば、A案で進んでいるけれど「私はBを支持します。その理由は……」。

そんな少数意見を言わせてくれる機会が設けられた。安心安全が担保された環境を提供してくれた。私の意見は進んでいるA案をひっくり返すほどのものはなかったと記憶している。当然ながら理事会は終了予定時刻があるので、決められた時間軸で結論を出さなくてはならない。

端的に言うと「本当は私はBだと思うけれども、Cに投票します。なぜならばタイムリミットがあるからです」という〝本音〟みたいなものを明かしてもOKな組織と、そうでない組織とでは大きく違う。

「そういう意見もあるのか」

「なるほど、そういう理由ね」

「あの人ってそういうふうに考えるんだ」

それらの事実を全員で共有できることは、組織にとって非常に重要だ。A案をひっくり返してBにするのが目的ではない。違和感をスルーせずひとつの意見として残す、それこそが議論を深めることにつながるのだと思う。会議の後に「いや、僕もBだと思っていた。次は違う角度から考えたいです。佐伯さんが言ってくれてよかった」といった主旨のメールをいただくこともあった。

本来なら理事会は最終決定機関であり、ひとつの答えを出さなくてはならない。そのためおおよその共通認識、こういうこのかたちで収まったらいいねという青写真がちらつくこともある。ここで落ち着けたいという空気が充満していることに気づいてはいるのだが、理事として「やっぱり違う」と思えば、そう言い残す責任がある。

「これはまさに日本でいうところの空気が読めないヤツかァ」と我に返っては、他の役員の皆さんに「理事会の最後にちょっと荒らしてしまって申し訳ありませんでした」とお詫びをしたものだ。すると、そこで役員たちから返ってくるレスポンスは意外なものだった。

「とんでもないよ。これこそがJリーグが目指しているかたちです。ひとつの共通理解はあっても、それはみんなが完全に納得しているわけじゃない。それぞれの意見があることこそが自然なんだし、そのほうが発展の余地がある。そこに異なる意見がないことはむしろ不自然だよ」

「佐伯さんにしっかり言ってもらって、それがなぜなのかを話してもらえることは、理事会が健全であることの証明でもあると思う。どんどん言ってください」

当時のJリーグの理事は20名。他の方々も積極的に意見していた。多様性が歓迎された会議の数々は、Jリーグの理事会がいかに健全で誠実な組織であったかの表れだろう。メンバー自体、フットボールとは遠い経済や金融などまったく違うセクターの人もいて、（私以外にも、アメリカ、イギリス、シンガポール、ドイツ在住の理事たちもいた）多様性が色濃い理事会だった。

このようなもの言える空気を提供するのはリーダーだ。絶妙なバランスで健全な理事会を維持できたのは、チェアマンである村井さんのマネジメントに尽きる。多様な意見を決して否定しないオープンマインドな空気感を醸成して組織を運営していた。

チーム村井には「鳥の眼、虫の眼、魚の眼、コウモリの眼」がそろっていたと、あるJリーグ職員が話していた。全体を高い場所から見下ろす、つまり「俯瞰」する視点は鳥の眼。鳥は上空から地上全体を見渡すことができ、どこに何がありどう進めばいいのかを一瞬で把握する。これは原さんだ。

虫の眼は一部を深く知るという視点。地面を見ているので至近距離で細かいところが見え、物事を細かく分けより詳しくより深く掘り下げる。日本のサッカー界とJリーグに精通している窪田慎二さんだろう。木村さんは魚の眼。物事の流れを見る視点。過去→現在→未来へと流れる時間の経過を捉える。そのような眼が組織運営には必要だと言われる。個々の特長に応じてそんな役割分担が「チーム村井」では自然にできていたように思う。

そう考えると、四つめの眼「コウモリの眼」は私だったのかもしれない。逆さまにぶら下がったコウモリのように、通常とは逆の視点で物事を見ることが求められたのだ。要は「自分たちの確信を疑う」。クリティカルな視点を持ち、時に鋭く時にやんわりと「本当にそれでいいんだっけ?」と指摘する眼が、あのチームでは必要とされていた。いわば「ひっくり返す役」だった。

そこへの期待を、私自身も何となく感じてはいた。例えば海外からの視点、知見を生かしてなどと言われることが多かったが、そこまでスマートなものではない。それよりも、一回一回うるさいぐらいにクエスチョンを投げかけていく泥臭さが期待されていたのかもしれない。

他にも、私が何か意見したり、伝えるような場所を、村井さんはいくつも用意していた。特任理事で月一の理事会に出るだけだった2年の間に、村井さんから突然ポンとメールが来ることがあった。

「佐伯さんは〝フットボール〟と〝サッカー〟をどのように使い分けていますか？」

最初に村井さんから「佐伯さんにはこういう役目を担ってほしい」「こうしてほしい」などと言われたわけではない。恐らく私のひっくり返す役目は、村井さんの組織作りのプロセスで少しずつはまっていった。スタッフの能力を最適化、最大化することに長けていた。

もうひとつ。村井さんについて印象深かったのは「こころの知能指数」と呼ばれるEQが非常に高いことだ。後で「こう書かれると、もう俺は怒れないじゃん」と笑顔で話される様子まで浮かんでしまうが、他者の感情を読み取り、ご自分の感情をコントロールする能力が高いのだ。

そしてそれは、怒りを抑える力とは少し違う。そこに気づかされたのは、私が何かに対し断定的な言い方をしてしまったときだった。例えば、フットボールとはこうだ、育成とはこうであると、自分の思いや考えを熱い気持ちのまま言ってしまう癖がある。確固たる信念みたいなものが強ければ強いほど、「こうである」と断定的なものの言い方をしてしまう。これは幼いころからの私の課題だ。

すると、村井さんはずっと私の話を最後まで聞いて、画面越しに柔らかい表情で口を開いた。

「佐伯さん、でも僕はね、ちょっと違う見方をしていてね」

そう言ってから本題に入る。ちょっと違う見方をしているということは、否定するでも、承認するわけでもない。あなたがそういう考え方をしていることを僕は受け止める。ただ違う見方をしているだけだから、という話だ。

つまり、判断を保留する。この「判断保留」の力が備わっていた。村井さんは「いや違うよ佐伯さん」とか「日本では通用しないよ」などと言わなかった。

実は、この判断保留は、ビジャレアルのサイコロジストから学んだことのひとつだ。

「私たち人間は常に物事を良い悪いの2軸で整理し、判断しようとする癖がある。この思考癖を治し、判断を一旦保留することは、インテリジェンスとして求められているんだよ」

私たちは、短時間で何かを決定したり、ぐいぐい引っ張ってくれたりする行動力のあるカリスマ的なリーダーに憧れがちだ。私も以前はそう考えていた。もちろんそんな牽引力が必要な場面もあるが、現代のリーダーシップ像はメンバーの能力を引き出し、主体性を持たせることが必要とされる。議論を省いて独断で推し進める力ではなく、ありったけの異なる意見を聴きそれらを良い悪いで「判断しない力」がこころのインテリジェンスだと言えよう。

これまで知り合ったリーダーは「従わせる」リーダーが多かったが、村井さんは「慕われる」リーダーだと感じる。

例えば、部下なりを従わせているとしよう。皆言う通りに動くのだが、そのリーダーが慕われているかと言えばそうとは限らない。チームの空気感や幸福度、発展性に違いが顕れる。従わせるリーダーよりも、慕われるリーダーのほうがチームのパフォーマンスが圧倒的に豊かなのは一目瞭然だろう。

ユダヤ社会は全会一致が否決

「そもそも僕たち何屋さんだっけ？　やっぱりフットボール屋さんでしょ。さらにフットボールを深堀し、競技における成長と発展に取り組もう」

そう話した村井さんは、チェアマンとして4期8年のラスト2年間のテーマを「フットボール」にしていた。Jリーグは国内リーグとしてフットボールをどのように強化し、世界レベルに近づけていくのか。そのビジョンがあって私が呼ばれたのだ。ところが、コロナ禍に突入し対処に追われたため、私たちはそのテーマに肉薄することができなかった。

この話が出るたびに「本当に申し訳なかった。佐伯さんをまったく生かせない2年間になってしまった」と村井さんから頭を下げられたが、パンデミックは村井さんのせいではない。

改善点の示唆や具体策は提示できなかったが、スペインで培った経験を少しは伝えることができたかなと思う。日本独自の社会連携プロジェクトである「シャレン！」の活動の推進にはこころを尽くした。

特に常勤理事を務めた2年間は、世界中がコロナ禍に見舞われた期間と丸被りとなった。

東京都文京区にあるJFAハウス付近に住処を探したものの、ついぞ住むことはなかった。コロナ禍が少し収束したかに見えたころウィークリーマンションに住んで、日本の当時57あったJクラブを巡回する計画を立ててはみたが、それも叶わないまま任期を迎えた。

Jリーグ、サッカー界の皆さんと対面でもっともっと話をしたかった。コロナさえなければ、もっと何か成し遂げられたのではないかという無念さはある。と同時に、この未曽有の2年間に私がJリーグとかかわったことは、何か大きな意味があったのかもしれないと感じるのも確かだ。

私自身、100％丸々オンラインの4年間だった。日本ではJリーグ以外にも、JFA、WEリーグ、JOC（日本オリンピック委員会）などでさまざまな役職を授かり、多くの会議に参加してきた。日本では「論点はここですよ。着地点はここですよ」と最初から透けて見える結論に導かれていく会議体もある。ある意味周到に準備され、平和的、穏便にレールが敷かれている。旧型の典型的な会議のあり方だ。

このような会議を、スペインなどラテンの人たちはとても嫌がる。そのように委細承知の会議は「そこに意味はあるのか？」と言って顔をしかめる。会議のありようには、それぞれの国の人の思考、文化の違いが顕著に出る。

例えばユダヤの人たちの会議の姿は非常に印象的だ。彼らは、会議における「全会一致」

を不自然極まりないことととらえるらしい。例えばそれが町内会のようなレベルの会議であっても、全会一致になった瞬間無効になるという。その会議はすぐさま解散され、もう一度話し合いをやり直すという。

なぜなら、会議に参加しているのが8人の場合、8人それぞれが見え方や考え方が違うはずなのに、まったく同じ意見でまとまってしまうのは非常に作為的である。何らかの権威が働いており、そこへの忖度がある可能性を排除することを優先する。要は人為的なものであって自然体ではないと考えられている。

このような思考が綿々と継承されていることに驚かされる。米国、欧州、ロシアなど世界中にユダヤ系の人は数多く存在するが、濃淡はあれどこうした思考が継承されていると聞く。そう考えると、ビジネスで成功する、商いに長けているという彼らの特性は、このきわめて民主的で一種独特な会議のあり方が影響しているのかもしれない。ユダヤ民族の中で行われる豊かな議論や発展する経済、文化は、実はこの会議とそれを支える思考なのだという意見を聞いた。

「ユダヤ社会では全会一致が否決なんだそうです」

常勤理事任期中に、役員会議でこの話をさせてもらった。すると、木村さんがいの一番に「タルムードですね」と言い添えてくれた。金融マンだった彼のかつての職場「ゴールドマンサックス」はユダヤ系企業である。

「これ大事ですよね」と私が言えば、木村さんも「百人いたら百人が同じ意見であるわけがないですよね『ユダヤ人が2人居るところには3つの意見が生まれる』と冗談めいた表現もありますしね」と納得した表情で相槌を打った。これをフットボールに置き換えてみると、その現場の民主化につながる。選手が20人いて19人が「イエス」と言っても、ひとりが「いや、僕ちょっと違う気がするんです」と言えば、すぐさま決を取らずそのひとりの意見に耳を傾けることが大切だろう。日本でも、先進的な企業は旧来の会議のあり方を変えようとしていると聞く。

まさに村井さんのマネジメントの仕方がそれだった。例えば「僕を満足させるために話を持ってくるな」「あなたはどう考えているの?」と質問してくる。村井さんの期待や好みに合わせるのではなく、個々が自分の意見を持つ。自分はどう考えるのか理論構築する。そんな文化を浸透させたかったのだろう。

会議のありようはその組織の姿であり、リーダーを映し出すものだと実感した。

偶然ではなく必然の勝利に変えるために

私たちは、物事の一面だけを切り取ったプアな議論に終始しがちだ。常に良いか悪いかの二極対立で論じられている。そのような極めて表層的な議論を、欧州の人は「プア(poor)」と表現する。つまり対話の質が貧しいと理解する。

スペインの人たちの会話でよく使われるのが「(be taken) out of context」という表現だ。意訳すると「事象の一部分を切り取りだして論じる」といった意味合いで使われる。物事には背景やプロセスや、前後関係というものがある。これがざっくり言うと「コンテクスト」。フットボールにおける勝ち負け引き分けは、こうしたコンテクストがあり、外的要因、内的要因、さらに膨大な未知の要因が複雑に絡み合って導かれるものと私たちはとらえている。

それなのに、「あの局面であの選手がこうしたからああなった」とか「○○監督が、あのタイミングで選手AをBと交代させたからああなった」といったみたいな論じ方は、「out of context」された言い分だ。信ぴょう性・信頼に欠ける「プア」な論法であるとして、却下されることが多い。

プアでなく豊かな議論をと願ったが、Ｊリーグ在籍時に日本のフットボール人の皆さんと膝を突き合わせて話をする時間が取れなかった。

そこでこの章の最後に、私がＪリーグで果たせなかったフットボール屋として、３つのメッセージを贈らせてほしい。

ひとつめは、プアでなく豊かな議論を。

私たちはこれを意図的に、強い意志を持って「必然」に変えていかなくてはならない。そこに各クラブの意図、意思が生まれていくことで、必然的に選手の学習環境は豊かになる。育成や競技力の向上は一番時間がかかる長期戦だ。本質を追求しながら実践していくしかない。すべてを逆さまにして物事を見たり、会話をしたり、問うことができる人材が、フットボール界には必要だ。

そして二つめ。

あらゆるハラスメントと決別し、指導環境を健全化することに本気で取り組んでほしい。奇しくも私たちＪリーグがフットボールの強化に焦点を当てた時期に、Ｊクラブの指導者によるパワーハラスメント事案が発生した。私は問題を解決していく理事の立場でありながら、とても感情を揺さぶられた。要は何をやっているのだという怒り、憤りである。

しかも、なぜそういうことがプロリーグで起きてしまうのかを理解しようと考えても、クラブを訪れて聴取することも叶わない。私たちが感染源になってはいけないからだ。そんななか、Jリーグのコンプライアンスの担当者たちは現地であらゆる関係者に聴取を行うなど公平な調査をした。大変な作業だったと思う。

このようにジレンマに苛まれる2年間だったが、最後の数か月にわがままを言って水戸、栃木、鳥取の3クラブのスタジアムや練習施設などを視察させてもらった。そこでJリーグのスタジアムの安心安全、平和な空気感にこころから感動した。

なぜなら、スペインを始め欧州では、行くのが怖いと感じるスタジアムが少なくない。小さな子どもを連れては行きたくないし、女性のお客さんをお連れするときには、周囲に目を配りボディーガードの心持ちでスタジアム周辺を歩く。

それがどうだろう。Jリーグのスタジアム周りで恐怖を感じることなど一切なかった。平和で温かい雰囲気に包まれていた。それがJリーグの一番良いところだろう。あの空気を絶対に壊してはならない。犯罪組織、過激なイデオロギー団体と結びつくようなことは絶対に回避する。そうしたムーブメントの発端となるスタジアム内外における暴言暴力行為を徹底的に排除する。同時に、クラブや育成組織の中でもハラスメントのない健全な指導環境を整備するべきだ。

私は不適切指導の問題に対し個人的にさまざまな感情が混じるなか、そこへのＪリーグとしての意思を提示したい。それをやってから去らなければいけないと考えた。そこで、note（ノート）に「スポーツ現場におけるハラスメントとの決別宣言」というタイトルのロングメッセージを紡いだ。

常勤理事の任期中に私が書き残さなくてはという強い使命感があった。

なぜ起こるのかという原因をつかむことすらできない。現場に行くことさえできない。日本で育っていないので日本の状況をよくわかっていない。30年間日本を離れて暮らす自分が日本の社会や教育、フットボールを語っていいものかと思い悩んだこともあった。その一方で、およそ2年間で１８０件の取材及び講演会を引き受けるなか、さまざまな出会いがあったおかげで新たな発見と学びを得ていた。

それらでぎゅうぎゅう詰めになった頭を一つひとつ整理しながら、パソコンに向かった。21年12月29日から書きはじめ、年が明けた22年元旦に完成させた。Ｊリーグのコンプライアンス部長萩原和之さんと広報部メディアオフィサー吉田国夫さんが、その作業に付き合ってくれた。

スペインの自宅で言葉の一つひとつを慎重に綴りながら、「私がＪリーグに呼ばれたのはこれを伝えるためなのかもしれない」と思った。

最初は短めなレポートにまとめようと書き始めたのに、最終的には8830字に上った。思いがけない大作となってしまった「スポーツ現場におけるハラスメントとの決別宣言」は、JリーグのSNSを通じて拡散され、大きな反響を得た。ついては、巻末（P214～235）に置いていただいたのでぜひページをめくっていただければと思う。

最後の三つめは「仕組みを変える」ことに力を尽くしてほしいということだ。

「魚と組織は天日にさらすと日持ちが良くなる」

Jリーグチェアマンの村井さんの口癖である。Jリーグで働く誰もが知る言葉でもある。どんな恥ずかしいことも不祥事もさらけ出してお天道様の日を浴びなければ、組織は強くならない。恐らく日本の組織が苦手とする価値観のひとつだろう。それこそが組織を豊かにするカギなのに。

この言葉の主である村井さんが自著『天日干し経営』で、こう書いている。

「佐伯夕利子さんこそが天日干しの代名詞のような人だ」

日本の人々に比べると自由に生きているぶん「こういったらどう思われるだろう？」というブレーキがあまり効かない。あけっぴろげな様子を、天日干しと解釈をしてくださったのかもしれない。

この「天日干し」は、日本社会を進化させるために必要不可欠なイノベーションアイテムではないだろうか。

私が住むスペインはEU（欧州連合）の一員だ。EUがより良い社会に向けて一歩一歩前進しているのは、市民社会としてしっかりと機能しており仕組みや法令を改善し続けているからだと私は理解している。

法は、国家がEU市民に向けて当てたものではなく、EU市民から権力への命令だ。朝のテレビニュースがすべて人権関連のトピックだった、なんて日は珍しくない。いじめっ子を訴えた両親と子ども。幼児ポルノの問題。サッカーコーチの男性がスカウティングを理由に男児に対し行ったわいせつ行為。有名アスリートによる性犯罪行為。スペインの女子サッカー界も、２０２３年に女子サッカーW杯閉会式で起きた選手へのセクシャルハラスメントで大いに揺れた。

人権軽視の問題が大きくクローズアップされるのは、スペインに限った話ではない。欧州全体で注目されている社会課題なのだ。持ち味である高い人権意識を糧に、欧州は力強く前進している。

政治、宗教、そしてフットボール。欧州では、この三つが人々のアイデンティティを形成する。つまり自分そのものなのだ。さらに言えば、三つとも人権問題と近しい存在と言える。

そこにフットボールが含まれているのであれば、私たちフットボール人は重責を担う。

「佐伯、サッカーやめんなよ」

7

私はなぜ指導者になったのか

日本では将来の夢を聞かれて「宇宙飛行士」と答える子どもが増えているそうだ。２０２３年夏、宇宙飛行士の山崎直子さんが「世界一受けたい宇宙の授業」をオンラインで開催すると発表したら、３０００組に及ぶ応募があったという。

子どもからすれば、月面着陸をした人がいるから自分も月に行きたいと思うのだろう。だが、もし月に行った人がいなかったら宇宙飛行士という職業が浮かぶだろうか。

「なぜフットボールの指導者になったのですか？」

スペインでも日本でも、何度も受けた質問だ。これについては、すでに伝えたように指導者ライセンスの存在を知ったことがきっかけだ。

スペインは１９９８年1月にドイツ、フランス、イタリア、オランダ、デンマークとともにＵＥＦＡライセンスと自国ライセンス制度の統合にサインをしている。ＵＥＦＡは取得者数などを公表しないため正確な数字はわからないが、プロクラブの監督ができるレベル３の保持者は決して多くはない。しかも私は女性で、日本人ときている。取得した２００３年当時は、今以上にレアな存在であったに違いない。

そんな時代に、私は指導者を目指した。大きな理由のひとつは、私が女性の性、男性の性というものを自分の中で区別していなかったからだろう。フットボールの指導者というものは存在した。しかし、そこは明らかに「男性という性」の世界だった。

よって、私は女性か男性の区別はしていないけれども、指導者ライセンスを取得しようとした私の最初の質問は「女性ですが、受講できますか？」だった。女性性の私は無意識のうちに、できること、できないことが社会から決められていると学習していたのだろう。

ところがそこで「いや、君の質問の意味がわからない」と言われた。私も月に行けるんだ。宇宙飛行士になってもいいんだと承認されたような気持だったと思う。可能性がパッと開けた瞬間だった。なれるよと言われはしたが、実際私の周りの女性で指導者になった人はいなかった。それでもそこに立ち向かえたのは、私が育った環境が関係しているようだ。

私は１９７３年、イランの首都テヘランで生まれた。父親が航空関係の会社に勤務していた関係で、日本と海外を行き来する生活だった。小学生のころは、いつも男の子と遊んでいた。友達は全部男の子なので、男女の差が自分の中にまったくない環境で育った。両親からも「夕利はいつも先頭に立って、後ろにぞろぞろと男の子を引き連れて遊んでいた」と言われる。要は遊びグループのボスだった。

ドッジボール、フットベース、サッカーに野球。男の子のスポーツを「私は女の子なのにやっている」という自覚もなかった。親は放任だったし、周りから眉をひそめられた記憶もない（気づかなかっただけかもしれないが）。

男女分け隔てない環境が私にとってごく自然だったのは、兄の影響かもしれない。私には2学年上の兄・竜一がいる。現在は映画制作の世界に身を置く兄は野球少年だった。父親がチームの監督だったので、昭和の真っただ中で厳しく育てられたと聞く。

小学校1年生から朝の登校前に家の周りをランニングしていた。理由は体力作り。雨が降っても走らなければならない。毎日30分ほどだ。夜会社から帰宅すると「今日は朝走ったのか？」と聞かれたそうだ。7つや8つの子どもにはきつかっただろうと思う。

実は私も走っている。福岡の小学校低学年時代に、寝ぼけたまま兄の後を嫌々走った記憶が残っている。ほとんどの場合、まじめに走って帰ってくる兄を家の近くの石段かなにかに座って待った。第一子より下の妹や弟の特徴かと思うが、このようなずる賢さを常々発揮していた。

そんな私がフットボールに出合ったのは小学2年生のときだった。同級生の男の子が「今日はこれで遊ぼう」と言ってサッカーを教えてくれた。パスとドリブル、ゴールに蹴り込んだら1点。手を使わずやる、ちょっと変わったこのスポーツは、私にとってひどく新鮮だった。

そのうち仲間たちは次々とサッカー少年団に入った。だが女子の私は、団長の男性に「女の子がサッカーやるなんて聞いたことがない。顔にけがでもしたら責任取れない。ダメです」と入団を拒否された。それでも校庭で校舎の壁を相手にボールを蹴ったり、キックの仕方が図解で示された本を見ながら、インステップやトーキックを練習した。砂ぼこりにまみれた本と一個のボールだけが私の仲間だった。

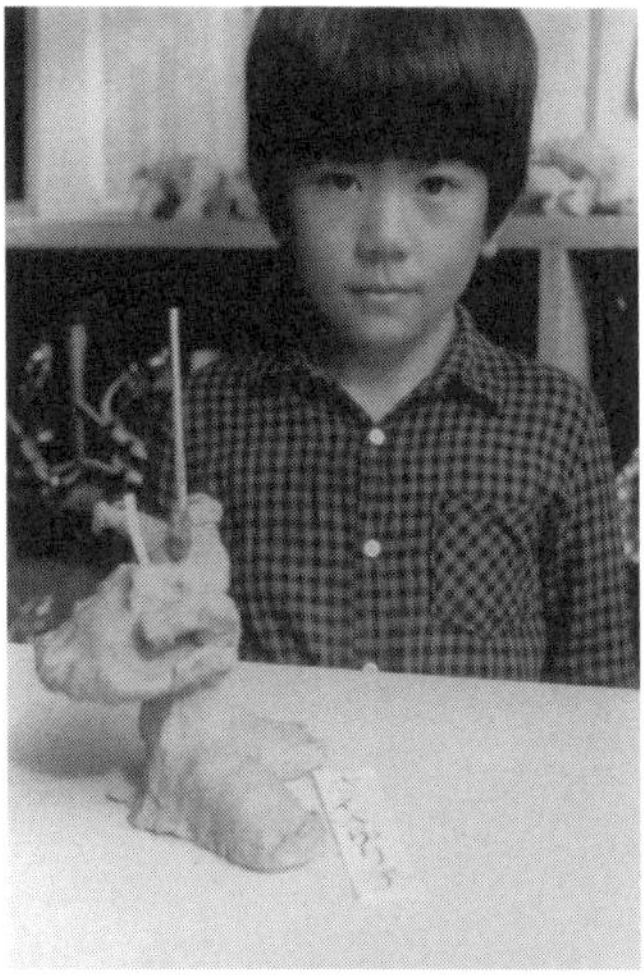
小学2年生くらいでまだ野球に明け暮れていたころ。この直後にサッカーと出合った。

そうやって2年生から3年生まで1年間、たったひとりで孤独な自主練に明け暮れた末にようやく入団が認められた。見かねたあるお母さんが「監督、この子です」と直接面会させてくれたのだ。男子より日焼けした真っ黒な顔、短パンにショートカットの私を見た監督は「ああ、この子か」とあっさり入団を許可したのだ。

国内でも転校が多く、東京都大田区、千葉県佐倉市、福岡県福岡市と3つの小学校を渡り歩いた。どこに行っても自然とリーダー格になり、学級委員になった。高学年のときは、児童会長に立候補した。当時は「男子が会長で女子は副会長」という決まりだった。私はたぶんそういうことに疎かったのだと思う。私は記憶にないが、兄によると「担任の先生がうちの母ちゃんに『佐伯さんは女の子だから副会長にした』って話していたのを聞いた」という。

兄曰く。

「男女の不平等を多くの女の子はそんなものだと受け入れていたけど、夕利子はそれを『えぇー、なんで?』と不思議がるタイプだった。そういうところが大人になっていい方向につながったんじゃないか」

小学6年生から父の仕事の関係で台湾へ。台北日本人学校小学部サッカー部に入った。中学部でもサッカーをした。そこでも、部で女子は私ひとりだった。二人組の練習になると、男子たちは「ゆり、一緒にやろう!」と交替でパートナーになってくれた。台湾での部活生活はすごく楽しかった。

それなのに、中学2年生でまたも日本に帰国。それ以降、女子がサッカーをできる環境に恵まれなかった。高校1年生の年、久しぶりに台湾時代の日本人学校の同級生が都内で集まった。みんなでごはんを食べておしゃべりして、店を出たときだっただろうか。

サッカー部だった男子のひとりが言った。

「佐伯、サッカーはもうやらへんの?」

ニックネームが「ぷーさん」の彼は、その名の通り学年一温和で、優しく、人懐こい「愛されキャラ」だった。いつもの笑顔で私にそう尋ねたぷーさんは、「おまえがサッカーしてないなんて、おかしいやん!」と言いたそうでもあった。

「佐伯、サッカーはもうやらへんの?」「佐伯、サッカーやめんなよ」

こころのどこかにずっと引っかかったままだったぷーさんの言葉が蘇ったのが、スペインで生活を始めたころだった。彼の言葉に勇気をもらい、ライセンス取得を問い合わせる電話をかけた。

スペインで暮らし始めたころは18歳。当時はまだ日本では成人は20歳だったが、スペインでは18歳は独立した大人として扱われる。父の転勤で移住したのに、居住許可など自分でやらなくてはならない手続きに追われた。親にくっついて海外を転々として来たそれまでの自分の甘さを痛感した。それにサッカークラブのチームメイトと接していると、さまざまなことを自分で判断し動いていた。彼女たちから、「自由」とは「責任」と抱き合わせ、つまりひとつのセットなんだと教わった。

テヘランに生まれ、日本以外の台湾、スペインといった異国で養った自由な感覚が、私をフットボールの指導者へと向かわせたのだ。

心地よいフィロソフィ

「もう何年になるの？　長いねえ」

これも私がスペインでよく受ける質問だ。ビジャレアルの在籍期間である。２０２４年シーズンで16年目になる。入ったころのコーチングスタッフはほとんどいないし、職員だってよく入れ替わる。生え抜きのパウ・トーレスが23年にプレミア・リーグのアストン・ヴィラへ移籍した際はとても寂しかった。彼を11歳から見てきたのだから。

私はプエルタ・ボニータで監督を解任された後くらいから、ビジャレアル現ＣＥＯのフェルナンド・ロッチから「うちで働かないか」と声をかけてもらった。スペイン国内の長者番付トップ10に数名が連なるロッチ家の人々は本来、外の人間とは距離を置く。フェルナンドもすごく内向的で決して口数が多い人ではないので、何度も声をかけられたのを不思議に思った。

なぜ私は必要とされたのか。海外展開のため？　と仮説を立てても、ビジャレアルの海外事業展開の軸は米国や中南米カリブなので、日本はそこに含まれたことはない。

例えば指導改革の音頭を取ったセルヒオ・ナバーロは「マルチタスクワーカーとして貴重」と私を評してくれる。もしそうならば、私が人材としてマルチであったことは都合が良かったのかもしれない。

例えばビジャレアルの組織は、コーチングスタッフなどの「スポーツ領域」、「経営領域」「事業領域」「施設管理領域」の四つに分かれる。私は２００８年当初から実は契約上は「経営領域」の人間だが、スポーツや国際などほぼすべての領域を跨《また》いで仕事をしている。組織のニーズに応じるとそうなった。

そうやって働いているうちに、このクラブには私がやりたいことがたくさんあると感じるようになった。クラブのビジョンや価値観が、私のそれと非常に似ているのだ。


なぜ、ニューロダイバーシティのチームを持つのか。

なぜ、レディースのチームを男子とほぼ同等のカテゴリー分けで持つのか。

なぜ、「アカデミー」と「スクール」と分けて運営せず、全40チームをアカデミーとするのか。

なぜ、3歳児からトップチームの700~800名におよぶ選手と清掃担当、ランドリー、キッチンのスタッフにまで型落ちしたものではなく、正規ユニフォームを着用させるのか。

なぜ、県内のフットボール以外の競技に励むアスリートやスポーツ団体を全面支援するのか。

それはトップアスリートに、クラブのエンブレムを胸につけてもらって競技会に出てもらうことだけが目的ではない。彼らが社会に伝播するエネルギーや価値を高めたいという願いがあるからだ。

マイナースポーツの選手らは自費でスタッフを雇ったり、大会参加をしたり、遠征に行くなど非常に苦労している。彼らが競技をやめてしまえば、それらの競技は廃れる。そうすれば、社会の活力が損なわれる。そこまで考慮して支援している。活動や取り組みの一つひとつに意味があり、おしなべて社会課題に対峙し社会的弱者とこころを重ね合おうとしている。

そこに私は強く共感する。同じビジョンを持った同志との仕事に、大きなやりがいを感じている。

さらに言えば、長者番付に入るような人たちがわざわざこんなややこしいところに分け入って、必死になっている。財を成した者が、その責任を全うする。それこそが経営者の姿なのだと思う。

経済を活性化させ、雇用の創出を促し、フットボールで創出したあらゆるリソースを社会に還元する。そこからまた雇用の場を作る。そういった循環型の経済基盤がないと、人々の幸せは持続しないことを彼らは知っている。

例えば、スペインは圧倒的に共働き社会なので両親のどちらかが失業し収入がなければ、生活が安定しない。家族全員がイライラする、塞ぎ込みがちになる。パートナーシップが悪化すれば、子どもたちも不安定になる。家にこもりがちになり外に出ないから消費も生まれない。

これを逆に言えば、雇用が生まれると経済活動や社会活動が生まれる。人々が外に出ると、社会活動が生まれ、人と人がつながり、支え合う構造が生まれ、笑顔が生まれる。幸せの循環とはそういうことだろう。

幸せとは平和。平和であれば、子どもたちが安心して勉強やスポーツに打ち込める。そうすることで人々が外に出る。そして消費が生まれる。

そういったことを学び、ともに取り組むことが、私はたまらなく楽しい。そこに参画している幸せに震えてしまう。もし、フットボールを毎週30試合見る人を「オタク」と呼ぶならば、私は自称「フットボール文化のオタク」だろう。

私はフットボールの指導者を20数年間続けてきた。今は一旦それをストップして、少し客観的にフットボールが創る社会を眺めたい。幸いJリーグにお世話になったことで、異なる国のリーグのあり方や運営に触れた。もっと広く思想や社会とのコネクション、産業との関わり、次世代人材の世界観などさまざまな視点を持ち始めたところだ。そういった楽しみを据え置いて指導現場に戻りたいかと聞かれれば、今は首をたてには振れない。

そうは言っても、たまにゾクゾクする風景に出合ってしまう。やっぱり現場はいいよねと思うことは当然ある。面白い監督に出会ったとき。旧知の指導者であるパコ・ロペスの活躍を見たり、映像を見たり、ミーティングの様子を見させてもらったりしたときに。

23年に新監督の記者会見を見たときも「現場はいいいな。チームっていいよね」と思わずにいられなかった。人々が一丸となって何かに立ち向かうときの連帯感。湯気が立ち上がりそうな熱気は羨ましいばかりだった。

他にもある。

ホームスタジアムの刈ったばかりの芝の香り。

グリーンから放水される水のひんやり感。

選手がボールを蹴った瞬間の衝撃音。

ハーフタイムで下がってきたときに聞こえる選手たちの息遣い。

それらに出くわすたびに、こころは一瞬揺れる。

とはいえ、指導者に戻る気はないの？　と聞かれたら、パコ・ロペスのアシスタントコーチなら是非やりたいと答えるだろう。つまり、誰とやりたいかが問題なのだ。

10数年前の私は「誰とやるか」の基準があいまいだったように思う。それよりもどのカテゴリーなのか、どこのクラブなのかといったことにとらわれていた。それが年をとるにつれて優先順位や価値観が変わっていく。今は「誰とやるか」が重要だ。この「誰と」は、「どのクラブで」も含む。

だからだろうか。私はビジャレアルに長々と居続けている。このクラブのフィロソフィが、私にはとても心地いい。

「サバイバーになるな。君の人生を生きろ」

昔々、知り合った人から言われて、今でも大切にしている言葉を二つほど伝えたい。

ひとつめは、確か30歳を迎えようかというころだったと思う。私が「若いときは尖っててもよかったけれど、そろそろ丸くならないとダメなのかな」とこぼしたときだ。
「いいじゃないの。尖ってて。もう、カクカクに尖っていいんだよ。だって人ってさ、歳を取っていけば絶対に丸く、丸くなっていくよね。最初から丸かったら、削るところがなくて、その丸がどんどん小さくなるだけだよ」

もう、まさに！　と、感動してしまった。尖っていい。小さくなれば、そのうち削られて消えることになるのだ。

2007年。スポーツダイレクターからのオファーで2年契約でバレンシアに移籍した。チーム育成の中枢を担う強化執行部のセクレタリーを務めた最初のシーズン、トップチームはスペイン国王杯で優勝。私は雑誌『ニューズウィーク日本版』で「世界が認めた日本人女性100人」にノミネートされた。

一方で、バレンシアは内部でトラブルやスキャンダルが多発。国王杯のタイトルを獲ったものの、リーグ戦の順位が思わしくなかったためスポーツ領域の最高責任者である私の上司が解任に追い込まれた。このため、チームとして契約上紐づいていた私たちも解任されてしまった。

この時期に改めて、フットボール界で継続的に生計を立て続けることの難しさを痛感した。厳しい現実に戸惑う私に、当時の上司がこんなエールを贈ってくれた。


この業界には、二つの生き方を選択する人たちがいる。

ひとつは、「Supervivientes」（スペルヴィヴィエンテス）サバイバー。何としてでも、そのクラブ、その地位にしがみついて、生き延びようとする者たち。

もうひとつは、「Viven su vida」（ヴィヴェンスヴィーダ）自らを生きる者たち。ユリコは後者を目指してほしい。


つまり、「生き延びろ」ではなく、「生きろ！　君の人生をしっかりと生きるんだ！」というアドバイスだった。

「誰かに忖度したり、媚びへつらったり、自分の信念を曲げたり、政治的に器用な人間になりながら、ビッグクラブやポストにしがみつくような空っぽな人生を歩むんじゃないよ」

「自分の軸をしっかりともって、常に真摯に、この世界でチャレンジをしなさい」

そんな意味合いのメッセージだと理解した。

これを言ってくれた上司はミゲル・アンヘル・ルイス。スペインフットボール界における巨匠のひとりだ。現役時代はアトレティコ・マドリードでキャプテンとして活躍する傍ら、大学で経営学を学んだ。引退後は、強化部の執行役員となるスポーツダイレクターを複数のクラブで歴任。グレーなことや、フットボール界における不健全な側面を嫌う、真摯で素晴らしい紳士だった。趣味がオペラ観劇だった彼は、プライベートな時間に過度にフットボールを持ち込まず文化芸術をたしなむことも私に教えてくれた。

ミゲルの下には、2010年W杯南アフリカ大会を制したスペイン代表でスポーツセクレタリーを務めたアントニオ・フェルナンデスがいた。アルゼンチン出身の心理療法劇作家で著作がスペイン語圏で大ベストセラーになったホルヘ・ブカイの作品を紹介するなど、文学の楽しさを伝えてくれた。

思えば、私はバレンシア時代の上司たちからフットボールに関する教示を受けることはなく、文化や芸術といった話ばかり聞かされた。そして彼らのようなよき助言者、メンター役を担ってくれる方が、ピンチのときには不思議と目の前に現れる。

私の人生はつくづく人に恵まれていると思う。

近年、フットボールは男性だけのものではなくなりつつある。日本人の宇宙飛行士を見た子どもが月に行きたいと思うように、日本のフットボール界で女子のプロ化を進めることで選手という職業を夢見る女の子が増えてくるはずだ。ＷＥリーグはその足掛かりを作る役目を担っている。

では、同じように、サッカーが大好きな女の子が指導者になりたいという夢を抱けるだろうか。

日本のスポーツ全体で女性コーチは1割しかいないと聞く。女性にとってスポーツ指導者という職業がスタンダードになってこそ、子どもたちは初めて夢を抱く。

そう考えると、女性たちがはなから指導者になりたくないわけではない。現実的な世界観が形成されていないから、夢になり得ない。見たことのない世界を見せてあげる必要があるだろう。サッカー界は月に行こうとする彼女たちを応援してほしい。

私がサッカーをあきらめずに済んだのは、ぷーさんのおかげだ。だから今度は、私が女性たちにサッカーをあきらめずに済むよう助けにならなくてはいけないと思っている。

無念なことにぷーさんは若くして病で亡くなった。

彼に「ぷ～さん、佐伯は今でもサッカーやってるよ」と伝えたい。これからも天国から見守っていてほしい。

スポーツ現場における ハラスメントとの決別宣言

Jリーグ常勤理事 佐伯夕利子

Jリーグ公式 note
2022年1月18日20時03分

プロリーグとして恥ずべき重大案件

Jリーグ常勤理事の佐伯夕利子です。

昨年12月30日、Jリーグはサガン鳥栖の前監督によるパワーハラスメント事案に対し懲罰決定を発表しました。これを受け、2021年に発生したトップチーム監督によるパワーハラスメント事案は、東京ヴェルディに続き2件目となった。さらに2019年、当時の湘南ベルマーレ監督による事案にまで遡ると、短期間で3件もの大きなハラスメント事案が発生したこととなり、リーグとして重大な責任を感じている。

何よりもまず、理事として被害を受けた方々へ心からお詫びを申し上げたい。合わせて心身に負われた傷のご回復をお祈りするとともに、回復まで時間を要することも想像され、こうしたケースにおいてはJリーグとしてもしっかりとケアしていきたい。

Jリーグは、理念のひとつとして「豊かなスポーツ文化の振興及び国民の心身の健全な発達への寄与」を掲げている。

一方で、これまで起きた一連のハラスメント行為は、豊かでも、健全でも、そして、誰をも幸せにするものではない。

Jリーグの現場において、今もなお、こうした恥ずべき事態が起こり続けていることに対し真摯に向き合い、暴言・暴力をはじめとするあらゆる「ハラスメントとの決別」を私は改めてここに誓いたい。ここでは、ハラスメントの実態改善に向けて本質から原因を検証し、これまでの反省を生かした上で、スポーツが担う社会責任を全うする決意をここに記したい。

パワハラ指導は指導法の一種ではない

日本スポーツ界は、これまで何度か海外の人権団体などから、スポーツ現場における暴言・暴力をはじめとする「人権侵害」について厳しい指摘を受けてきた。

「人権侵害」「被害者」「加害者」「暴言」「暴力」……、これらの言葉が並ぶ報告書は、スポーツのあるべき姿からあまりにもかけ離れていて、違和感すら覚える。

言うまでもなく、日本スポーツ界を見る世界の目は私たちの認識以上に厳しいが、どの競技団体においても、残念ながら今日に至るまで充分な実態改善には至っていない。

怒鳴る、蔑む、見下す、罵倒する。
小突く、叩く、はたく、ぶつ、殴る、蹴る、倒す。

「厳しい指導」(「ゆるい指導」もしかり)など、世界中どこを探しても、そんなコーチング学やコーチングメソドロジー(指導方法論)は存在しない。
にも関わらず、まるで「指導方法」の一種かのごとく語られるのを聞くたびに、違和感を越えて不信感を持たざるを得ない。ましてや、こうした「パワハラ指導」は、傷害、暴行、名誉棄損、侮辱といった犯罪に過ぎず、指導方法でも何でもない。
だから、もうそろそろ「厳しい指導方法」などと都合のいい言い訳に逃げることなく、パワハラ「指導」は「尊厳の迫害」そして「人権侵害」以外に解釈の余地などないことを、スポーツ界全体で再認識したい。

ハラスメント行為は人権侵害である

間違えてはならないのは、Jリーグが決別を誓うのは、あくまでこれらの「行為」であり「行為者」ではないことである。

私たちが守り抜く姿勢は変わらず「こうした行為を許容・容認しない」という決意であり、「行為者を裁き葬ることではない」ということを、ここで改めて強調しておきたい。

以前から「日本のスポーツ現場は不条理だらけだ」と聞かされていたものの、私は人生の多くを海外で生活してきたため、これまで日本のスポーツ現場における実態を正確には把握しきれていなかった。

2020年3月にJリーグ常勤理事に就任以降、2年足らずの間に100本近くのセミナー・研修・講演の登壇や取材対応を経験した。こうした場で、日本と海外のスポーツ現場の違いを共有するたびに、指導者による暴言・暴力に苦しんだという被害者アスリートたちから驚くほど沢山のメッセージが届くようになった。

「言われている以上に日本のスポーツ現場は酷い」

「監督と出くわさないように避けながら過ごしていた」

「毎日自殺することばかり考えていた」

これらの被害者の多くは、然るべき団体や窓口に救済を求めたわけでも、適切な支援を受けたわけでもなく、いまもなお心の傷を負ったまま沈黙の闇で孤独に苦しみ続けているケースがほとんどである。

これまで、日本スポーツ界がハラスメントを助長してきた背景には、関係者による許容・容認があったのではないかと感じている。

ここでは、あえて俯瞰的に「暴言・暴力・虐待・ハラスメント」について考えたいので、私の憤りや怒りといった感情への言及は避けるが、こうした告発メッセージを受信するたびに、これほど熱く心が揺れ動く事案はなかったし、Jリーグがいま何よりも最優先課題の一つとして取り組むべき案件は「人権問題」であると認識し、内部で議論を重ねてきた。

今後は、競技の垣根を越えたスポーツ界全体での協力体制が不可欠であるし、ハラスメントを研究する専門家やハラスメント被害者などからも積極的に意見を伺い、問題の解決策を模索したい。

また、これまでハラスメントをしていたことを告白し、それを恥じ、後悔し、過ちに気付き、学んだ指導者も少なくない。

ひとはみな、永遠に不完全な生きものである。

何度もミスをし、過ちを犯す。

しかし、間違いから学ぶ学習能力を備えてもいる。

制裁は、過ちを犯したひとの意識変化や行動変容に、直接的な効果は生まない。

スポーツを通じ、だれひとり取り残されることのない社会を築いていくためには、ミスから学ぶ環境を提供することも忘れてはならない。

学ぶとは、気付くこと。

気付きとは、新しい自分との出会いである。

自覚が生まれ、気付きを得た者ほど強いものはない。

だから、こうした元加害者からも積極的に知見を頂き、Jリーグがリーダーシップを取ってスポーツ界における暴言・暴力行為を無くしていきたい。

海外にハラスメントは存在しないのか？

「海外（※）では、ハラスメントはないのでしょうか？」と聞かれることがある。（※西洋文化という意味合い）

私がこれまで30年間過ごしてきたスペインでは、少なからずハラスメント事例はあったし、そしてこれからも恐らく起こることだろう。

各国サッカー連盟によって、こうした規律裁定や懲罰規程は若干異なる部分もあるかと思うが、例えばスペインＦＡの規律規程では「規律違反」とされる行為を、

・軽罪
・重罪
・超重罪

の３段階で区別している。

当然、それぞれのケースにおいて文脈精査し判断がなされるが、パワハラのような暴力行為については「超重罪」にカテゴリー付けされており、「2年以上の活動停止処分～永久追放」が課される。

そもそもそれ以前に、被害者は警察署に被害届を提出し告訴、法の下で裁かれるのがスタンダードな流れであるためか、少なくともこうした極端な事案は私の記憶にない。

暴言・暴力行為が横行する背景

これら暴言・暴力行為が横行する背景はあまりにも複雑で、私たちが正義の拳を振りかざし、憤り、怒り、声高に訴えるだけでは解決に繋がらない。

そもそもこうした問題では、加害者に自覚がないことや、自分で作り上げた不当行為の正当性を信じ込んでしまっていることが多い。また、被害者が感情の麻痺を起こしているケースが多く、自分を守るために心を切り離すようになることで、そうした環境が常態化し問題解決の難易度を更に複雑にしている。

さらに、直接的当事者ではないが、選手の保護者やその他の関係者までもが「勝つためには仕方がない」など、暴言・暴力を正当化し、無理やり意味を持たせようと自己暗示的な思考に陥っているケースが少なくない。

だからこそ、我々はそれぞれ当事者の視点に立ち、多角的に検証、アプローチすることが必要となる。

例えば社会全体では、ハラスメントに関するリテラシーを高めるべく「啓発活動」を根気よく続けていくべきであるし、そして、最も丁寧に対応すべきである被害者に対しては、「救済システムの構築」や専門家を交えた「心理的ケアー」や「回復への支援」も今後必要となるだろう。
また、「知識は身を守る」と言われるように、可能被害者（※1）および保護者・関係者への「教育」についても対応したい。

（※1 被害対象となり得る可能性のある人）

一方で、可能加害者（※2）には、そうした行為に至る背景や環境の改善対策や、そうならないための学習機会の提供をすべきだろう。

（※2 加害者となり得る可能性のある人）

あわせて、元加害者には「制裁」と同時に「復帰支援」を進めることが重要である。
さらに、スポーツ界全体でこうした「行為」に目を光らせ、常にスポーツ現場における安全確認をすることも忘れてはならない。

人として最低限のルール

さてここで、近年よく聞かれるようになった「リスペクト」について、少し考えてみたい。
西洋文化における「リスペクト」の概念は、この世に生を受けた全ての者が課された「人として犯してはならない最上位概念」である。

Respectは、日本語で分かり易く表現すると「尊厳を重んじる」という意味であるが、こと日本においては、「リスペクト」は「条件付き」かつ「選択制」であることに驚かされる。

スポーツ現場における「暴言・暴力・虐待・ハラスメント」は、まさに「人として守るべき最低限のルール」を侵害する行為であるが、それは「勝つために」や「監督だから」などといった（無茶苦茶な）理由を付けて、「遵守しない」という選択肢が存在することからも、私たち日本人の文化において、いかに「リスペクト」の意味が正しく理解されていないかが見て取れる。

次に、スポーツ現場で「監督が怒る」とか「選手を叱る」というシチュエーションについて考えてみたい。

このように「怒る」「叱る」の話しになると、「怒っちゃいけないのか！」とか、「叱るも指導のうち！」といった極端に偏った議論になりがちだが、「良い or 悪い」「イエス or ノー」といった二元論になるのは本意ではない。

むしろ個人的には、「怒る」も人が持つ重要な感情のひとつであり、怒りを伝えることも人間関係において大切なコミュニケーションであると考えており、ここでも決して「怒る・叱る」が「悪」であるという話しがしたいのではなく、「何に対して叱るのか？」を間違うと、人間の尊厳を冒す行為になるという確認に過ぎない。

そこで、指導者が守るべき心得として、「怒る」「叱る」の最低限のルールを以下に整理してみたい。
他者から見える人の言動を大きく分類すると、

①attitude（アティチュード：姿勢、態度、取り組み方）

②aptitude（アプティチュード：適性、才能、スキル）

③being（ビーイング：存在、ありよう）

に分類される。

スポーツ現場において、指導者が選手に対して叱るべき「対象」は、「手を抜く」や「ずるをする」などといった、あくまで①にある「選手の取り組み姿勢」にであって、②その人の適性や能力（アホ、ボケ、バカ野郎、役立たず、無能、など）、さらに③その人の存在そのものを蔑み、否定するような言動（死ね、殺すぞ、消えろ、など）であってはならない。

年齢や立場を問わず、人としての尊厳（リスペクト）を遵守し、嫌味、皮肉、軽蔑、侮辱といった「毒」を含む言葉を用いて、選手を否定したり、攻撃したりしない。

これは、アスリートがドーピングを禁じられているのと同じように、指導者が遵守すべき最低限のルールと言えるだろう。

指導者とは選手を動機付け行動を促す人

指導者・コーチ・リーダー・マネジャーといった役職に就く人は、他者に行動を促しパフォーマンスにつなげる役目を担っている。

人が何かしら行動を起こすとき、そこにはモチベーションと言われる動機づけが存在する。スポーツ指導者に限ることではないと思うが、リーダーが他者をモチベートし動かす際、様々なやり方があるが、ふたつのタイプをここで見てみよう。

まずは、アスリートの声に耳を傾け、寄り添い、本人の主体性「楽しい!好き!やりたい!」を原動力に、高い自己決定による内発的動機付けからパフォーマンスにつなげる「支援型」のリーダーシップ。これは、リーダー本人の高い意識や意志と、時間をかけて根気強く向き合う必要があるため、スポーツ現場における浸透傾向はやや緩やかである。

もう一つのタイプは、「怖いからやる」「怒られるからやる」といった外的な動機付けを利用したもの。ハラスメントにつながるケースにおいては、指導者がこうした「コーチング」を選択している傾向がみられる。ここでは、自分の不機嫌や怒りを露わにすることで「怖い自分」を見せることで、まずは選手の意識をこちらに向けて統率・管理する、といった関係性の初期設定が存在する。そうして、選手を自分の支配下に置きヒエラルキーを構築。彼らが感じる「不安」や「恐怖心」を「動機」に変え、「服従関係」をもって選手を動かすやり方である。

またこうして、自分に平伏させ選手を動かそうとする傾向がみられる指導者には、「ムカつく」「使えない」などといった漠然とした解像度の低い言葉でその場を一蹴する傾向がみられ、自分の感情を細かく言語化できず苛立ち、実は自身が苦しんでいる場合が多い。物事がうまくいかないと、まるで他者に全ての原因があるかのようにイライラしながら指導現場に立つ、そうした指導者の姿はとても幸せそうには見えない。

ある人は、「人前で不機嫌な態度をするのはマナー違反である」という。さらに「不機嫌は怠け心、上機嫌は意志。自分の機嫌は自分で取るべきで、他者に問題があるわけではない」と指摘する。

「優秀な指導者」の定義と指標

私たち関係者は、スポーツという健全なイメージの裏側で、スポーツにおけるチーム構造がいかにヒエラルキーに縛られ、監督がアンタッチャブルな存在に陥り易く、閉鎖的な組織になりがちかを自覚しなければならない。

私たちはこれまで、試合結果や大会成績といった「成果」ばかりを評価される、決して豊かなスポーツ文化とはいえない文脈の中で育ってきた。

そうしていつの間にか、試合の勝ち負けこそが優秀な指導者の指標の如く評価基準となってしまった。

「指導者」と「勝ち負け」を直結させて語ることが、いかに無意味で危険なことであるか。誰もが、そんなこと、とっくに気付いているはずなのに。

本当は、その試合は私でなくても「勝った」かもしれないし、「負けた」かもしれないのに。

本当は、その選手は、そのやり方でなくても「成功した」かもしれないし、しなかったかもしれないのに。

「勝ち」や「成功」に、普遍の方程式はない。秘伝のタレやレシピは存在しないのだ。

チームは、個の集合体である。

個である「ひと」には、感情や意思がある。

「ひと」「感情」「意思」を軽視し続ける指導をどれだけ続けても、そこに最高級のパフォーマンスは生まれない。

ハラスメント行為に潜む「認知の歪み」と「攻撃性」

ハラスメント行為をおこなう人間に共通して見られる「攻撃性」や「狂暴性」についても、考えてみたい。

脳科学者の中野信子氏は、「相手の過失に強い怒りを感じ、日ごろは使わないような激しい言葉で罵り、完膚なきまでに叩きのめさずにはいられない。これは『正義中毒』というべき一種の依存症状」であるとし、「『他人の言動が許せない』という感情の暴走が引き起こすのがハラスメント」であるという。また、「人間は誰しも、このような状態にいとも簡単に陥ってしまう性質を持っている」と話す。そして、「自分は絶対に正しい。あいつは叩かれて当然だと、暴言を吐いたり、ハラスメント行為をするその人の脳には、ある異変が起こり一種の快楽が生まれている」と指摘する。

私はこれまでも、事あるごとに「正義とは?」「正しい正義とは?」「正義の行使とは?」について言及をしてきた。

人にはそれぞれの「正義」があり、それを必死で守ろうとする本能のようなものが働く。これは人の徳である反面、その正義が歪んだものになると、こうしたハラスメント行為に繋がりかねない。例えば、「指導の一環だ」「選手のためを思って」「チームが強くなるために」といった思いは決して嘘ではなく、ある種これも「正義」といえるだろう。
ただ、ハラスメント行為を正当化するこれらの「正義」は「個人化」され、歪んだ解釈がなされることで問題に発展していると感じる。本来「正義」は「正」よりも「善」が優先されるべきで、そのためには、的確かつ適切な「正義」の使い方を意識することや、「意味ある正義」を「必要な時」に行使できるよう日頃から心掛ける必要がある。

また、精神科医のデビッド・D・バーンズ氏は「認知の歪み」について、誇張的で非合理的な思考パターンから生まれると提唱。そしてそれら歪んだ思考の代表例として、

①全か無かの思考
②行き過ぎた一般化
③心のフィルター
④マイナス思考
⑤論理の飛躍
⑥拡大解釈、過小解釈
⑦感情の理由づけ

⑧～すべき思考
⑨レッテル貼り
⑩誤った自己責任化（個人化）
といった10パターンを挙げる。

誰もが陥りやすいとされる、こうした認知のメカニズムや思考癖を学び、自分を客観的に正しく知ることは、競技の知識を深めるのと同じくらい指導者にとって大切な作業であると考える。

新時代のコーチング概念

2014年、当時私が所属していたビジャレアルというクラブでは、120名の指導者が指導現場の改革に取り組んだ。指導者のマインドセットの過程において、こうした指導者の苛立ちが散見されるたび「そこにあるあなたの本心は何？」と、メンタルコーチに何度問われたことだろう。指導者の苛立ちの正体は、「オレの言う通りにしないお前が気にくわない、ではないか？」と。

そして、

「スポーツは誰のものだ？」

「選手は指導者を満足させるためにプレーしているのか？」

「他者を平伏させることで、ある種の恍惚感に浸っている自分がそこにいないか？」

そんな問いが矢継ぎ早に飛んできたものだ。

そこにある自分の本音や本性に自覚的になること。そこから自らの行動変容が生まれることへの気付きを得た。

「言葉は思考をつくるから、使う言葉は綺麗な方がいい」そんな助言も受けた。日本語でいうところの「てめぇ」「こいつ」「おまえ」などといった言葉だと理解頂ければいいだろう。これらを別の言葉に置き換えてコミュニケーションを取ることは、決して難しいことではないはずだ。

また「感情をひとつひとつ丁寧に言葉にする練習をしながら解像度を高めると良い」といったヒントも得た。「使えない」「だからお前はダメなんだ」「そんなプレーは小学生でもできる」。こうした表現の奥にある自分の感情を、もっと解像度高く言語化できれば、きっと違ったコミュニケーションが生まれるだろう。

そんなちょっとした自己改善に取り組むだけで、選手との関係性が向上することを学んだ。

さらに昨今、指導者界では「フットボールをヒューマナイズする」と表現されるように、指導環境を「人間的で体温を感じられるものにする」意識が高まっている。この概念は、スポーツにおけるアクター（主役）であるアスリートを起点にあらゆる発想を起こし、よりよいパフォーマンスを追求しようというもの。

これまで100年以上にわたるフットボールの歴史を振り返り、極めて非人間的（人情的）であったこれまでの指導現場に対する反省から生まれた概念であると感じる。

アスリートが何を感じているのか。

何を思い、何を考えているのか。

何が見え、何が聞こえているのか。

アスリートが、どうしたいのか。

こうした観点を軽視せず、指導者はそこから選手とともに共通認識という合意形成を経て、チームとして競技に臨むというコーチング概念である。

指導者は、アスリートのパフォーマンスを最大に引き出すコーチング方法として、いくつかの選択肢を持つ。どれを選ぶかはその人しだいだが、そこにある選手との関係性の豊かさは、指導者がそれまでの人生で何を学び、考え、行動してきたかの通知表であることを忘れてはならない。

選手そして指導者のみなさんへ

人は、否定されたり批判されると、脳が委縮し身体が強張る。脳が炎症し心が傷を負った状態で、最高のパフォーマンスを発揮できる人などいようものか。「追い込んでやる気を出させる」だなんて、そんな無茶な理屈を一体いつまで信じるのだろう？

アスリートの皆さんに、声を大にして伝えたい。

尊厳を冒されてまで耐え抜く先に価値などない、と。

あなたを丁寧に扱い、尊重し、大切にしてくれる指導者を選んでほしい。

蔑み雑に扱われることに慣れる前に、そこから離れる選択肢があなたにはあるのだから。

その人が、本当に優秀な指導者であるのなら、あなたに適切なフィードバックを提供するだろう。フィードが「栄養を与える」という意味を含むとしたら、暴言や罵倒は「毒」であり、あなたを育てる「栄養素」には決してなり得ない。

そして、スポーツ現場で日々悪戦苦闘している指導者のみなさんには、

「あなたは、そんなあなたが好きですか？」

この問いを投げかけ、共有したい。

人は死ぬ直前にどんな後悔をするのだろう?

誰もがみな、いつかは灰となる。

権力者も、富豪も、賢者も。

あなたも、私も。

みな、同じように。

あなたの選手は、あなたがどれだけ立派な理論を話し聞かせたかではなく、あなたにどんな思い(感情)にさせられたかを、生涯ずっと覚えているだろう。

そこにいるあなたの選手は、輝かしく眩しい存在であることを今一度思い出し、彼らと正対できる自分になろう。そして、温かい心で歩み寄り、目の前の彼らを大切に扱うことにこそチャレンジして欲しい。

例えそれが、たったひとりの人であったとしても、その人を傷付け尊厳を侵害することほど、取り返しのつかない信頼の損失はない。そして、人生においてこれ以上の後悔はないだろう。不安や恐怖で繋がるよりも、優しい心で繋がる関係性の方が、誰だって幸せに決まっているのだから。

人生の醍醐味

「勝負!」

ゴールに近いところでひとりの相手と対峙した瞬間、この声がよくかかる。スペインでは「Juégatela! Encara!(仕掛けろ!)」がそれに近いだろうか。この「1対1を仕掛けない」という課題に対し、私は1対1の練習を考案することに明け暮れた。

だが、それが技術だけの問題ではないことに気づく。1対1の局面でその選手が「仕掛けない」という決定をした背景に、失敗への不安、叱責への恐怖があったかもしれない。ミスを減らすという回避的行動がチームで生き延びる術と考えているかもしれなかった。こうした人間的な側面を軽視せずしっかり汲み取る。ビジャレアルでの指導改革で取り組んだことだ。本書で述べたように、徹底的に自分自身とチームという組織に向き合った。

この、たった四文字の「向き合う」が難しい。スルーしたくなる。

『ハンナ・アーレント』というドイツ出身で米国の哲学者を描いた映画を観た。ユダヤ人でありながらナチスドイツの戦犯の裁判を傍聴し続けた女性の姿に胸を打たれた。

映画のクライマックス。教壇に立ったハンナは8分間にわたり学生たちに「考えることで人間は強くなる」ことを説く。そのシーンに衝撃を受けた私は、その内容をスマホのボイスレコーダーに録音し保存した。

彼女は、凶悪犯のような特別な人が戦犯になるのではない。思考停止した無批判な人、上長に従うことに慣れてしまった優等生的な人が行うと説いた。考えないこと、つまり思考停止が危険であることを痛感させてくれた。違和感を抱いたり、異なる意見を持っていても、声をあげることをためらいがちだ。それはある意味、その組織への諦めであり放棄かもしれない。

私もしょっちゅうスルーしたい自分と戦っている。向き合えないときにこそ、思い出したい。人は声をあげないことが習慣化すると、徐々に考えることをやめてしまう。気づけば従うのが得意になる。

フットボールは自ら見て、感じて、考えて、自己決定して、間違えて、へこんで、向き合って、やり直して、立て直して。その繰り返し。だが、それこそが醍醐味だ。そこに成長を実感できる。そして私たちは人生でも同じ醍醐味を味わう。そんなことをこの本から感じ取っていただけると嬉しい。

最後に。

時差もあり、通常業務に追われ作業や対応が遅れる私を、いつも穏やかな佇まいで温かくサポートしてくれた編集の柴田洋史さん。迷っても、躓いても「自分の人生を生きる」

を貫いてきた私に関心を寄せ、筆の巧みさ以上に私のこころの翻訳者となってくれたかけがえのない人、島沢優子さん。言葉からは零れ落ちてしまう感情や音、香り、風、躍動感、重厚感をリアリティをもってイラストという形で補充してくれたアーティスト宮内大樹さん。

ここまで全面支援してくださったメンバーに、こころより感謝する。

La vida es maravillosa!（人生は素晴らしい！）

佐伯夕利子
（さえき・ゆりこ）

1973年10月6日、イラン・テヘラン生まれ。03年スペイン男子3部リーグ所属のプエルタ・ボニータで女性初の監督就任。04年アトレティコ・マドリード女子監督や普及育成副部長等を務めた。07年バレンシアCFでトップチームを司る強化執行部のセクレタリーに就任。「ニューズウィーク日本版」で、「世界が認めた日本人女性100人」にノミネートされる。08年ビジャレアルCFと契約、男子U-19コーチやレディーストップチーム監督を歴任、12年女子部統括責任者に。18～22年Jリーグ特任理事、常勤理事、WEリーグ理事等を務める。24年からはスポーツハラスメントZERO協会理事に就任。スペインサッカー協会ナショナルライセンスレベル3、UEFA Proライセンス。

本音で向き合う。
自分を疑って進む

二〇二四年四月十九日初版第一刷発行

著　者…佐伯夕利子

発行所…株式会社　竹書房
〒一〇二-〇〇七五
東京都千代田区三番町八番地一
三番町東急ビル六階
E-mail　info@takeshobo.co.jp
URL　https://www.takeshobo.co.jp

印刷所…共同印刷株式会社